España, Gonzalo, 1945-
  Leyendas de miedo y espanto en América / Gonzalo España ; ilustraciones
de Juan Carlos Camargo. – Edición Ricardo Rendón López. – Santafé de Bogota
Panamericana Editorial, 1999.
    128 p. : il. ;22 cm. -- (Literatura juvenil)
    ISBN 958-30-0568-1
    1.   Cuentos colombianos 2. Miedo – Cuentos I. Camargo, Juan Carlos, il
  II. Rendón López, Ricardo Andrés, ed. III. Tit. IV. Serie
Co863.6 cd 19 cd
AGN1842

        CEP-Biblioteca Luis-Angel Arango

Leyendas de miedo y espanto
en América

Gonzalo España

Ilustraciones
Juan Carlos Camargo

PANAMERICANA
EDITORIAL

Editor
Panamericana Editorial Ltda.

Dirección editorial
Alberto Ramírez Santos

Edición
Ricardo Rendón López

Diseño y diagramación
® Marca Registrada

Ilustraciones
Juan Carlos Camargo

Primera edición en Panamericana Editorial Ltda., marzo de 1999

© 1999 Gonzalo España
© 1999 Panamericana Editorial Ltda.
Calle 12 No. 34-20
Tels.: 3603077 - 2770100
Fax: (571)2379880
E-mail: panaedit@andinet.com
www.panamericanaeditorial.com.co
Santafé de Bogotá, D.C., Colombia

ISBN 958-30-0568-1

Impreso por Panamericana Formas e Impresos S.A.
Calle 65 No. 94-72 Tel.: 4302110 - 4300355 Fax: (571) 2763008
Quien sólo actúa como impresor.

Impreso en Colombia   Printed in Colombia

Contenido

Un corte
pasado de moda

C · O · L · O · M · B · I · A

Un domingo al anochecer, junto a la luz de una vela que pretendía remplazar la claridad moribunda, la pobre y desamparada Ulogia trabajaba a morir. Sobre la tosca mesa de tabla, que ocupaba casi la mitad del cuartucho, se acumulaba todavía un rimero de piezas de tela para armar pollerines, sayos bordados, faldones, pecheras y cuantas prendas de sastrería sea posible enumerar. Aquella parecía una misión imposible. Bajo la menguada luz de la bujía sus puntadas empezaban a confundirse, y sus ojos, que habían seguido sin descanso la aguja durante los últimos días, amenazaban cerrarse. Aquél, sin embargo, era tan sólo un suplicio complementario, sumado al dolor de la espalda y al entumecimiento de las falanges de los dedos, todo por culpa de la maldita gente, que dejaba sus encargos para la última hora. Pero Ulogia no tenía opción, la siguiente era semana de fiestas patronales. El lunes, muy temprano, su clientela estaría reclamando el pedido a la puerta del rancho, sin concederle un minuto de plazo.

El rancho de Ulogia era el último de un largo caserío explayado sobre una pequeña barranca. Además de quedar apartado del resto de casas, contaba con la desventaja de estar ubicado en la parte más baja, a la orilla del río. En caso de inundación estaba condenado a anegarse, y si llegaba a producirse una impetuosa creciente era seguro que la costurera y sus hijos no sobrevivirían al percance. Por esta razón, Ulogia nunca dormía tranquila, especialmente en las noches de invierno. El verano era más confiable, y hasta hubiera llegado a ser llevadero sin las nubes de mosquitos que traía consigo. Como fuera, para ella nunca sonaban las campanas de la iglesia del pueblo. El eterno fragor de las aguas del río apagaba cualquier sonido que viniera de allí. Ulogia vivía aislada, cual si un cruel encantamiento la apartase de un mundo sin embargo muy próximo. Pero la gente sabía que era buena costurera, y al acercarse las celebraciones recibía muchos encargos. Este trabajo la sacaba de apuros y le permitía vivir con sosiego unos meses. Sólo que la condenada gente siempre dejaba sus arrebatos para última hora, y era en los dos o tres días anteriores al comienzo del festejo que Ulogia la veía negra.

Aquel domingo, pues, unos minutos después de encender la bujía, y cuando la oscuridad exterior fue total, comenzó a penetrar por la pequeña ventana un escuadrón de voraces mosquitos, que iniciaron una alocada revista acrobática alrededor de la llama. Uno fue a posarse sobre la nuca adolorida de Ulogia, que lo aplastó de un palmetazo, exclamando:

—¡Calma, doña Sixta, vieja repuerca! ¡No apure demasiado!

La aludida era una de las matronas del pueblo, que acorde a la inveterada costumbre dejaba el encargo para el último instante, y ya había incurrido en el descaro de enviar tres veces por él. Con sabia previsión, Ulogia le había recordado durante varios meses: "Doña Sixta, ordene su ropita con tiempo". Pero la vieja respondía siempre con desaliento, frunciendo los labios: "Este año nadie va a estrenar en casa". Todo para salirle en el último instante con un pedido aterrador: encajes, faldones, pañuelos, bordados, apliques, y no sólo para ella sino también para sus hermanas y sobrinas. Un recado que Ulogia, fingiendo felicidad absoluta, aceptó mordiéndose la lengua, para no soltar una palabrota.

—¡Tranquilícese, Ño Ruperto, viejo puerco! —chilló, mientras aplastaba entre sus palmas otro

zancudo, evocando a un cliente que siempre discutía el precio a la hora de pagar.

—¡Aquí tiene lo suyo, Ña Rosita! —ladró luego, dándose un golpe en la frente, para abatir otro zancudo.

Hasta que al fin, en medio del placer de despanzurrar mosquito tras mosquito, evocó a su marido, el hombre que la había abandonado dejándole tres hijos a cuestas. Entonces sus reniegos se convirtieron en un grosero soliloquio:

—¡Crisóstomo! Viejito sinvergüenza, ¿usted por aquí? ¡Disfrute esta sobadita de su mujercita, zopenco, tiñoso, cazurro, harapiento, miserable, inmundicia!

Y tras desmenuzar el diminuto cadáver, escupió sobre sus invisibles despojos.

Así, combinando las puntadas con los golpes y las maldiciones, metía espuelas a su rabia. Pero un rato después, a causa del acrecentado número de zancudos, le resultó imperioso cerrar la ventana. Los meses del calor estaban en todo su apogeo, en menos de una hora el pequeño rancho acabó convertido en un horno. No existía remedio al respecto, la humilde mujer prefirió el ahogo caluroso del encierro a la plaga voraz, así corriera el riesgo de quedarse dormida.

Bien pronto le sobrevino el primer cabezazo. Se levantó, desperezó sus miembros, trató de despabilarse. Bajo ningún motivo podía dejar de trabajar, así las costuras hubieran empezado a quedarle torcidas. A la mañana siguiente habría una verdadera romería a la puerta de su rancho, y por experiencia sabía que la gente prefiere el cumplimiento a la perfección. Cliente chasqueado es cliente perdido, como quien dice: hambre y escasez para el futuro.

Se disponía a reanudar el trabajo cuando escuchó el extraño murmullo. Era un mascujar de voces apretadas que venían del lado del río, hacia donde precisamente daba su ventana. Como impulsada por un resorte, se levantó del asiento y la abrió, dando paso a una vaharada de aire, a una nueva racha de mosquitos, y al abejorreo aquel. Parecía que por el lecho del río estuviera bajando una carretada de piedras. ¡Una creciente, Dios mío! ¿Pero una creciente en pleno verano? Ulogia no podía creerlo, unas horas antes el río bajaba casi seco. Era imperioso confirmarlo, abrió la puerta y salió, y desde unas cercanas matas de plátano atisbó con intensidad. Por suerte, una enorme luna llena esparcía un manto de plata en los alrededores. La angosta faja del arroyo era un pando y sereno canal azogado. El rumor no provenía de allí, eso era seguro.

Una nueva congoja la asaltó al pensar en sus hijos. Aquel murmurio podía ser la refunfuñadura de un animal hambriento. Entró a la casa, tomó la vela de un manotón y cruzó el vano que la separaba del pequeño tabuco donde dormían los críos. Los contó, los revisó, los palpó. Estaban enteros y vivos, y dormían sin ningún sobresalto. A sus espaldas, el rumor aumentó. Ahora pudo distinguirlo con claridad y separarlo de la monserga confusa del agua. Era una procesión, una nutrida procesión rezando en forma apurada y devota. Pero aquello tenía aún menos explicación. ¿Una procesión por allí? Sólo que el cura, en un arrebato de preocupación por el alma de la solitaria Ulogia, hubiese traído sus beatas, para llevarle al rancho un remplazo de la misa de aquel domingo, a la que había fallado por culpa de su penoso trajín.

Al volverse para mirar nuevamente a través de la ventana, el viento apagó la vela en su mano, y el exterior adquirió una gran nitidez. Entonces pudo verlas. Cien, doscientas, trescientas almas en pena, envueltas en sus blancos sudarios, brotando de la negra espesura de una guadua frondosa y avanzando hacia ella. El cabo de vela apagada se le soltó de la mano y cayó al suelo. Pero detrás, si Ulogia abre la boca, hubiera caído su lengua, que se tornó tiesa, pastosa y más pesada que el plomo. La favoreció que no fue capaz de mover ni siquie-

ra una pestaña. Simplemente se había petrificado escuchando batir el corazón en sus sienes.

Las preces, entonadas con fuerza, no concluían nunca en las bocas descarnadas de las espantosas visiones, sino que se enredaban en sordos sollozos, para recomenzar de nuevo con claridad y otra vez confundirse. Todas llevaban un cirio encendido entre sus manos huesudas, pero visto en detalle el tal cirio era una canilla. Al pasar frente a la ventana miraban con un insondable desconsuelo hacia adentro, y Ulogia creía presentir en las cuencas vacías, escondidas bajo la mortaja entorchada, los ojos de alguien conocido que intentaba saludarla. Más de media hora demoró esta procesión desfilando ante la paralizada modista, que tuvo tiempo de bañarse en sudor y tornarse aceitosa, aunque su cuerpo carecía de una gota de grasa. Era como si se estuviera derritiendo. Pero también tuvo tiempo de morir de pánico y resucitar de terror.

Al fin acabó aquel desfile macabro. Ulogia, que se sentía espesa y porosa, dio un paso adelante, con la indecisa resolución de cerrar la ventana, aunque los rezos apenas comenzaban a desvanecerse. Pero antes de apoyar las manos en los batientes de madera, descubrió que desde la guadua avanzaba un ánima rezagada, a quien lo largo de la mortaja se le enredaba en los pies y le dificultaba caminar. Verla y reconocerla fue una misma cosa, pese a que se trataba de un mero esqueleto envuelto en lienzo blanco.

—¡Jovita! —exclamó, sin poder contenerse.

No podía ser nadie más. Jovita había sido en vida la otra costurera del pueblo, su competidora. El día que murió, ella misma ayudó a amortajarla, envolviéndola en una larga sabana a la que le sobraban más de tres palmos largos, que por pura desidia dobló bajo los pies de la muerta, en lugar de tijeretearlos. Ahora se veían como un corte pasado de moda.

Atraída por su exclamación, el ánima rezagada se dirigió a la ventana y se detuvo ante ella, mirando hacia adentro. El corazón de Ulogia se detuvo. Del pozo de sombra que envolvía la calavera de la muerta parecía fluir un manantial de tristeza y dolor. El garfio de sus falanges huesudas se engarzó del borde de la ventana. Finalmente, la mandíbula del cráneo emergió de la oscuridad, osciló a lado y lado e imploró con dificultad:

—¡Ulogita! ¡Ulogita! ¡Tienes que cortarme la mortaja!

Era un gemido insoportable, imposible de tolerar, era la voz de un ánima en pena suplicando alivio. Ulogia creyó enloquecer. Pero por el rabillo del ojo alcanzó a distinguir el brillo de sus tijeras resplandeciendo sobre la mesa, bajo la luz de la luna. Temblando de pavor y castañeteando los dientes, pero incapaz de soportar por un segundo más aquel ruego doloroso, las asió y se dirigió hacia la puerta, que entornó sin vacilación.

Afuera, la muerta la esperaba vuelta hacia ella, plateada por los resplandores lunares. Ulogia no se detuvo a contemplarla, sino que avanzó resueltamente a su encuentro, se agachó y buscó el ruedo de la mortaja, con la expresa decisión de cortarlo de un tijeretazo, levantarse y correr a encerrarse. Pero al levantar el lienzo mugriento dejó al descubierto los pies de Jovita, y pudo constatar que sus huesos no tocaban el suelo. Ahora no le quedó duda alguna de que iba a volverse loca.

Un remolino de terror le daba vueltas en el cerebro cuando se puso a cortar. Era tanta su precipitud y sus nervios que los tijeretazos se le fueron muy altos. Las canillas de la muerta, polvorientas y lechosas, quedaron al aire, como las patas de una garza. Jovita se inclinó a contemplarlas y encaró energúmena a Ulogia, quien intentó retroceder espantada, al ver que las cuencas de sus ojos despedían un fulgor verdoso. El intento fue inútil. Estaba acuclillada, pegada del suelo, Jovita emergía sobre ella como el palo de una horca.

—¡Miserable! —exclamó la difunta—: ¡Mira cómo me has dejado!

Era ciertamente una moda muy osada para la ocasión y la época. Faltaba siglo y medio para que la minifalda saliera a la calle, y si nadie entre los vivos toleraba todavía un corte tan revolucionario, mucho menos los muertos. Aun así, Ulogia levantó los ojos pidiendo perdón, en el mismo instante en que Jovita le descargó un canillazo terrible en la frente, gritándole:

—¡Demonia! ¡Esto es para que aprendas a respetar los domingos y fiestas de guardar!

A la mañana siguiente, los pequeños hijos de Ulogia informaron en el pueblo que su madre había sufrido un accidente. Quienes tenían prendas pendientes vinieron a constatarlo, y hallaron a la costurera en la cama, con un gran chichón en la frente y muy amoratados los ojos. Mientras contemplaba aquellas caras odiosas, que con seguridad no le pagarían su trabajo, ella sólo anhelaba que lo ocurrido hubiera sido una pesadilla. Lo deseó tanto que se le tornó cierto, y hasta se le quitó el miedo.

Dos días después, cuando pudo levantarse, se acercó a la ventana moliendo atropelladamente el largo argumento de un credo. Le resultaba imperioso confirmar a través de cualquier seña que todo había sido un sueño. Era posible que al escuchar algo anormal en la brisa rumorosa hubiera salido, que al salir tropezara, que al tropezar hubiera caído, y que al caer se hubiese abierto la frente.

Pero un sucio trozo de lienzo, tremolando burlón en el esqueleto de un arbusto de arrayán, fulminó su ilusión.

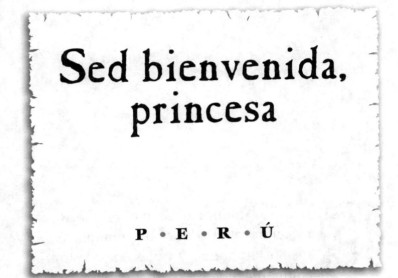

Sed bienvenida, princesa

P · E · R · Ú

El adusto dominico Carmelo de la Resurrección cabalgó durante semanas enteras por montañas y valles, en la solitaria compañía de un indio que llevaba de cabestro una llama cargada con sus pertenencias personales y los objetos del culto. Finalmente, cuando al atardecer de la última jornada de travesía se detuvo a la puerta de la estancia donde le esperaban, el conjunto de su atuendo y de su persona acusaba de manera notoria las contingencias del camino y lo prolongado del viaje: la barba, encanecida y pringosa, le había crecido desmesuradamente, al igual que los cabellos; la piel de la cara, castigada por el sol frío e implacable de la puna, había comenzado a ulcerarse, asumiendo un encendido tono cobrizo, donde resaltaban los pozos de unas ojeras profundas, en medio de las cuales flotaban sus ojos enfebrecidos. Estaba extremadamente flaco, al punto que los huesos de sus costi-

llas abultaban bajo la sotana desvaída, igual que los de su desmedrado jamelgo. Los de la casa, viéndole en semejante grado de consunción, lo invitaron a pasar de inmediato a la mesa, pero él los detuvo rogando que sin perder un instante lo llevaran al lugar donde estaban ocurriendo los hechos, pues no en vano lo único que le traía allí era el encargo de aquella misión.

Corría el año de 1613, una fecha intrascendente en la disputa por las almas que se libraba desde hacía muchos años entre el clero y los *camachicos* o brujos nativos. Pero a la arquidiócesis de Piura habían comenzado a llegar de nuevo alarmantes informes sobre idolatrías mantenidas y practicadas por los indios, en particular relacionadas con el delicado asunto de los muertos. Insistían los indios en no sepultar a sus difuntos en tierra consagrada, como se lo ordenaban los frailes y lo disponía la ley, por considerar que bajo tierra soportarían inenarrables tormentos, y en razón de ello continuaban ocultando sus momias en lugares secretos, donde pudieran alimentarlas y hablarles. Para fortuna del Diablo, el escaso número de misioneros disponibles hacía imposible visitar de manera metódica los infinitos pueblos de indios y erradicar aquella creencia. Sin embargo, las noticias llegadas desde el lejano pueblo de Huacra indicaban que los indios *yauyos* habían sobrepasado todos los límites, pues aparte de conservar las momias de sus muertos habían procedido a colocarlas en las propias iglesias doctrineras, cual si se tratase de santos cristianos. La comunidad dominica, a quien correspondía aquella parcialidad, estalló en ira. El padre Carmelo de la Resurrección fue a postrarse de rodillas ante su arzobispo para rogarle que le permitiera castigar por su mano el atroz sacrilegio. El privilegio le fue concedido, pero llovía demasiado, y el invierno nunca fue buena época para adentrarse en las serranías del viejo Perú, cuando ya los caminos del Inca se habían desmejorado por completo. Le fue imprescindible aguardar el verano. En la espera, se consumió de ansiedad, adelgazó, se hizo viejo; el invierno resultó eterno. Pero una vez amainaron las lluvias, se puso en camino.

El propio cabeza de familia de la estancia española, adonde aquel atardecer arribó, lo condujo en persona hasta el pueblo de Huacra, cuyas calles desiertas pisaron ya bien entrada la noche. Se trataba de una ranchería achaparrada e informe, a todas luces paupérrima, donde para librarse de los vientos helados de la sierra los indios se recogían muy temprano. No había una sola casa iluminada. Mas, en contraste con ello, la iglesita del lugar descollaba como un faro luminoso, de las tantas luces que ostentaba. Cosa poco frecuente en los pueblos de indios, por lo común descuidados en materia del culto venido de España. El dominico apretó el crucifijo de plata que llevaba colgado del pecho hasta herirse los dedos. Estaba casi seguro de saber lo que hallaría adentro. Y en efecto, bastó que él y su acompañante traspusieran el umbral de la pequeña capilla, para confirmar que el informe acerca de las idolatrías de los *yauyos* era dolorosamente cierto y sobrepasaba toda conjetura. En la columna que sostenía la pila bautismal, junto a la imagen de un Juan Bautista arrinconado, la calavera de una huaca envuelta en fibras vegetales los saludó con su sonrisa siniestra. Unos pasos al fondo, la estatua de madera de una virgen había sido retirada de su pedestal, para que las veladoras alumbraran otra momia india, acompañada de frutas frescas y tinajas de chicha. Había otras huacas a lado y lado de los pilares que sostenían el techo. El dominico comenzó a volcarlas y a dispersar a patadas sus huesos. Pero lo peor estaba al pie del altar mayor, donde los sorprendidos visitantes hallaron a una mujercita que cubría con su propio cuerpo el saco de una momia. Cabe suponer que habiendo observado la destrucción a que eran sometidas las demás, tratara de protegerla. Fray Carmelo la engarzó con violencia, la alzó, separándola del objeto que pretendía resguardar, y se enfrentó a ella. Pero al hacerlo descubrió que se trataba de una india joven. Sus rostros quedaron a un centímetro el uno del otro. Era una india indefensa, bellísima, cuyo terror se traducía en una imploración amorosa y sensual. Fray Carmelo nunca había tocado a una mujer. Se dejó embriagar por la cercanía de su piel y su aroma, experimentando sin saber por qué un repentino impulso de protegerla y besarla, pero un instante después, sacudido por las descargas de su severidad interior, la arrojó lejos de sí, cual si se tratara de una peste contagiosa.

Mientras la india se escurría entre los ángulos oscuros de la iglesita de Huacra, el dominico y su acompañante retrocedieron, llevando la momia que le habían arrancado. Al salir chocaron con la concurrencia de los indios *yauyos*, quienes acudían presurosos ante el escándalo suscitado en el templo. Alzando contra ellos el crucifijo de plata, fray Carmelo de la Resurrección los condenó y los maldijo en su lengua, antes de exigir que el cacique y todos los alguaciles indios se presentaran de inmediato en la estancia del español que le acompañaba, para rendir cuentas de su sacrilegio.

Entretanto, la gente de la estancia había preparado un suculento banquete para el dominico, pero el fraile retornó enardecido con el saco de la momia a cuestas, y se negó a recibir bocado alguno. Tan sólo ordenó que se le preparase de inmediato una de las habitaciones de la casa, pues se proponía realizar una sesión del Santo Oficio. Y mientras se ocupaban de ello, envió al indio acompañante por una cruz verde y un par de candelabros que portaba en su equipaje. Con estos objetos dio un ornamento siniestro a la alcoba que le franquearon, en cuyo centro, bajo el escarnio del crucifijo, colocó la huaca.

En el transcurso de la noche, y a medida que fueron presentándose los mandones indios, tuvo lugar en aquel escenario uno de esos tenebrosos capítulos que hicieron célebre a Torquemada. Tras sermonearlos en quechua, lengua que conocía a la perfección, y ayudado por la gente de la estancia, procedió a sujetarlos y a apalearlos, en castigo por haber permitido la idolatría y el sacrilegio en la iglesita de Huacra. Ellos eran la autoridad india del lugar, ellos respondían. Los golpes de palo fueron repartidos a porrillo, en medio de improperios y patadas, hasta que las blancas tapias de la habitación quedaron salpicadas de sangre. La única manera de poner fin al suplicio era que cada indio reconociera su culpa ante el dominico, y antes de retirarse escupiera la momia. Este último requisito prolongó inútilmente el castigo, aunque al final todos lo cumplieron. Por la fuerza, que no por la razón, la fe triunfaba de nuevo.

Pero el dominico no estaba en paz, no había podido disfrutar del rigor purificador de la audiencia brutal, no se hallaba, pues en ningún momento había logrado dejar de pensar en la india. Su belleza elemental se le enroscaba en la imaginación como la serpiente del Paraíso, pese a llevar apretado hasta el último ojal el cilicio de púas que le ceñía el talle por debajo de la sotana, con el objeto de refrenar las tentaciones de la carne. Vana ilusión: la imagen de la india no le permitió escuchar en estado de gracia las confesiones de los acusados, ni absolverlos en nombre de Cristo.

Finalmente, cuando las luminarias de los candelabros morían y la sesión había terminado, ya casi al filo de la madrugada, tras muchas horas de vigilia y tensión, se dejó poseer por un arrebato de soberbia y lujuria. Sudoroso y taquicárdico, ordenó que le trajeran la india, y mientras la aguardaba desató enfebrecido el cilicio y lo anudó a una de sus manos. Las normas monásticas le vedaban estrictamente el acceso carnal, de pensamiento o de obra, pero se le había vuelto obsesivo el contemplarla desnuda. Le urgía desatarle el chumbre, arrancarle a manotazos el uncu de lana de alpaca, soltarle la trenza en que llevaba cogido el cabello, desnudarla, avergonzarla, asustarla, para contemplar otra vez sus labios implorantes y curvados en una súplica de piedad. Entonces podría flagelarla, cubrir de sangre su piel lujuriosa, afear y hacer repulsivo el objeto de su turbación, maldecirla, escupirla. Dios lo perdonaría por ello.

Un rayo de sol asomó con fuerza aquella mañana de verano, al mismo tiempo que la india, custodiada por quienes habían ido a buscarla, se presentó a la puerta de la alcoba. Al recortarse sus rasgos en la iridiscencia rojiza de la aurora el fraile se estremeció. Era mucho más bella de lo que había presentido durante el breve contacto, cara a cara, en la iglesia de Huacra. Era una princesa inca, una mujer esplendorosa y sensual, más excitante en razón del tierno e indefenso azoramiento que le imprimía su temor. El monje quiso llorar.

La puerta, empujada por uno de los guardianes, dio paso a otro rayo de sol que entró en la habitación y cayó con exactitud sobre el bulto de la momia. La calavera, haciendo crujir las vértebras del cuello, inició un lento giro hacia la india. Su envoltura textil desprendió un polvo dorado. El dominico captó aquel movimiento por el rabillo del ojo, sin dejar de contemplar el objeto de su desesperación. Pero un momento después la puerta se entornó por completo y el sol cayó de lleno encima de la huaca, que lanzó un destello de luz. La tabla de la frente, los pómulos, los dientes macabros, la telilla apergaminada que cubría la cuenca

de los ojos vacíos, todo pareció convertirse en oro fundido. Fray Carmelo no pudo evitar volverse plenamente hacia ella. Entonces pudo ver que la momia abría trabajosamente la boca y batía con esfuerzo y dificultad la mandíbula, para articular en clarísimo quechua una frase dirigida a la india:

—*Hamuy samác ñusta.*

No necesitó traducirlo, se desplomó sin sentido. La calavera acababa de decir:

—Sed bienvenida, princesa.

Un rato después, estremecido por el humo penetrante de las plumas quemadas que le dieron a oler, volvió en sí. La india seguía a su lado, y al verlo despertar, a título de explicación, y sin malicia ninguna, le dijo:

—Son nuestros dioses, padrecito.

Fray Carmelo de la Resurrección se levantó de un salto y abandonó a grandes zancadas la habitación, corriendo como esos gatos que resbalan en los pisos pulidos, y a través de los corredores y las alcobas que se le interponían cual interminable y macabro laberinto, ganó a la carrera el establo donde guardaban su caballo. Sin ensillarlo, se le echó de bruces encima, le abrazó el cuello y le escarbó los ijares con los talones de la sandalia, gritándole que lo sacara de allí a como diera lugar. El indio acompañante vino con la silla de montar, pero no alcanzó ni siquiera a acercarse, pues lo apartó de una patada. Fue una involuntaria agresión defensiva. Como en un penoso *delirium*, estaba recordando la profecía del famoso *Taqui Ongoy*, que vaticinaba la resurrección de las huacas aborígenes. Todo lo que fuera indio se le antojaba una momia de Huacra pronta a devorarlo.

Su carrera demencial lo condujo a las cimas brumosas de la sierra, donde las herraduras del proceloso caballo arrancaban chispas en el borde del camino, cortado en la pared rocosa de desfiladeros siniestros. Cabalgaba a pelo, desencajado el rostro y desorbitados los ojos, y al doblar un recodo patinó en el lomo espumoso y la crin resbaladiza se le escapó de las manos. Trompicando en los saledizos cortantes descendió a las honduras insondables, donde todavía hoy los viajeros que transitan apartan la vista, contagiados de vértigo.

Un conjuro de
Jesusa Urubú

B · R · A · S · I · L

Ouro Preto, cuando Ouro Preto era todavía el primer emporio aurífero del planeta, llegó un tahúr que se hacía llamar Telmo Brilhante. Era un hombre joven de mirada de lince, tan rápido con los dedos que hubiera podido ser mago. Se registró en un mesón, entregó el caballo en la cuadra y buscó con afán un garito llamado *La mesa del diablo*, pues había venido a trabajar. Ouro Preto, como toda morada de ricos mineros, era meca de los más avezados tahúres. Pero la suerte, en lugar de sentarse del lado de Telmo Brilhante, se le sentó al frente.

Se dice que cuando a uno lo enfrenta la suerte la lleva perdida. Unas noches después, con los dedos teñidos en tinta de sotas y bastos, nuestro hombre certificó con cautela y terror que su bolsa había adelgazado tanto que no le restaba más opción que jugarla completa. Un mal juego lo empujaría de inmediato a la terrible necesidad de apostar su pistola, apostar su caballo o apostarse a sí mismo. En caso de jugar su persona corría el riesgo de pasar el resto de la vida como esclavo en una mina, pero si perdía el caballo o la pistola, a la hora de huir o defenderse no tendría cómo hacerlo. Así que optó por lo primero, y comenzó a perderse a sí mismo.

Digamos también que desde su llegada Telmo Brilhante había comenzado a jugar otro juego. Una mañana, cuando regresaba al hospedaje después de una noche de muy malas cartas, había tropezado en el atajo de una calle desierta con una dama elegante, quien en compañía de sus criadas acudía a misa. Ella reparó en la desolación pintada en su cara; él, en sus aretes de oro macizo. Fue lo que se dice siempre de este tipo de encuentros, un amor a primera vista. Esa misma mañana, en lugar de irse a dormir, el jugador averiguó cómo se llamaba y dónde vivía. Antes del mediodía sobornó a una de las criadas para hacerle llegar una esquela: le pedía una cita, en cualquier parte del villorrio y a cualquier hora. No se la contestaron. La segunda la escribió promediando la tarde, amenazando presentarse en persona. Tampoco fue respondida. La tercera hablaba de matarse. Hacia el

anochecer, cuando volvía al garito, llegó la respuesta: el encuentro tendría lugar a la hora del alba, en una plaza desierta.

Joana Dorotea do Pesaro, que así se llamaba la dama, había reparado en el forastero a causa de su propia soledad. Estaba casada con un minero que se pasaba el día en el *garimpo* poseído por la fiebre de la mina, y la noche en las mesas del garito, poseído por la fiebre del juego. En realidad, se sentía más soltera que casada, y suspiraba de amor. El día de la cita se derritió como azúcar mojada en los brazos de Telmo, al siguiente lo dejó entrar en su casa, donde en la intimidad y el secreto tuvo lugar un romance apurado que acabó abruptamente cuando Joana certificó que el ardoroso amante se había robado los *contos* de oro de su esposo.

En aquellos momentos, Telmo jugaba su más apurada partida, y no le era posible perder. Sus adversarios en la mesa le tenían tomadas firmas y escrituras que lo convertían en prisionero y esclavo de no responder por las cantidades apostadas. Mientras él jugaba, la dama engañada creyó enloquecer. Sabía que su marido la mataría sin apelación tan pronto descubriera el faltante, pues esa era la prueba palpable de su infidelidad, pero todos los riesgos a que se expuso para concretar una cita con el fullero resultaron inútiles. La misiva que le escribió de su puño y letra prometiéndole convertirse eternamente en su esclava a cambio de los *contos* robados no obtuvo respuesta, la amenaza de suicidarse, tampoco, el pañuelo empapado en lágrimas que envió con una de las criadas, mucho menos. Por último, decidió acudir en persona, y se echó llorando a los pies del bandido en las puertas del garito. Ahora el tunante no podía ignorarla, de modo que la tomó del blusón, la zarandeó por el aire y le advirtió que a la siguiente molestia haría pública presentación del *affaire*. Joana Dorotea volvió a casa humillada y vencida. Fue entonces cuando sus criadas le sugirieron acudir a Jesusa Urubú, una *mae de santo* que tenía el poder de invocar los portentos del África.

Se creía a Jesusa Urubú muerta desde hacía muchísimo tiempo. Los últimos visitantes del socavón abandonado que tenía por morada informaron que la célebre maga era un simple arrume de ceniza. Sólo alguien muy trastornado podía ir en su búsqueda a un lugar como aquel, pero Joana Dorotea lo hizo. Se alumbró el camino con una vacilante bujía encendida, penetró hasta el fondo mismo de la cueva y con voz alterada invocó los poderes de la *mae de santo* ante una pequeña prominencia emborronada de sombras. A la solicitud añadió el correspondiente conjuro. Nadie respondió sus plegarias.

Rato después, cuando la bujía comenzó a lanzar parpadeos agónicos, Joana comprendió que estaba irremediablemente perdida, y se dispuso a marcharse. Fue un innato impulso de curiosidad lo que a última hora la llevó a alumbrar el rincón donde se hallaba el pequeño bulto al que había estado hablando. Aquello, en efecto, era Jesusa Urubú. Bajo la mata de una cenicienta cabellera que descendía hasta el suelo se intuía un confuso remanso de arrugas danzando alrededor de unos ojos. Joana retrocedió, ansiosa de abandonar el lugar, pero antes de volverse pudo ver que la tierra se hundía debajo de la maga y su pequeño y recogido cuerpo desaparecía en las profundidades. En el lugar donde se hallaba acuclillada un momento antes quedó abierto un hueco. La mujer intuyó que aquello tenía algo que ver con sus solicitudes, y asomó la cabeza.

Parecía un agujero sin fin, un viento suave y cálido soplaba desde su interior. Dejó caer adentro la bujía que ya le quemaba las manos y observó la luz de la llama perderse en un insondable agujero. Durante algunos segundos la oscuridad la envolvió por completo. Dio un paso atrás, quizá dos, sus pies se pegaron del suelo. La bujía estaba emergiendo desde las profundidades en alas de millones de insectos que subían por el hueco. Eran olas tornasoladas que despedían sorprendentes reflejos. Joana Dorotea reconoció la langosta, esa especie de saltamontes enorme del que hablaban los navegantes portugueses. La langosta, que nunca había logrado saltar el Atlántico, estaba llegando desde el África a través de un túnel abierto por el conjuro de Jesusa Urubú. Un estruendoso zurriburri llenó el socavón. Joana echó a correr, trompicando a cada paso con las piedras que hallaba en el suelo, mientras un amenazante murmullo de escamas susurrantes que iba creciendo a su espalda la alcanzaba y envolvía, cual la avenida impetuosa de un río salido de madre. El último tramo lo hizo navegando en alas de aquella espesa corriente voladora, sintiendo que las extremidades aserradas y los cuerpos pegajosos de trillones de animales aéreos la golpeaban y herían. Un momento antes de perder el sentido alcanzó a distinguir la entrada del socavón, por donde ya escapaba el cisco agitado de aquel remolino infernal, tromba viva y voraz, capaz de engullir hasta el cielo.

A esa misma hora, Telmo Brilhante almorzaba.

Había ordenado frituras de cerdo, ensalada de cilantro, banano en rodajas, dulce de coco, música y vino de Madera. Desde cuando su bolsa abultaba, y había comenzado a abultar desde que comenzó a jugar con los *contos* robados al minero,

porque la suerte no puede enfrentarse al dinero robado, comía bien y se rodeaba de amigos que no eran otra cosa que aduladores y mozas de ocasión. Estaba feliz, la mesa corría de su cuenta, se agachó sobre el primer plato: un insecto tornasolado aterrizó en la ensalada. El mesero, tan sólo de verlo, quedó boquiabierto.

Telmo se limitó a apartar con repugnancia la fuente, igual a como lo hacía cuando se trataba de una mala carta, y se llevó a los labios el jarro de vino, buscando lavar el mal sabor que había apuntado en su boca. Otro insecto, borracho y ahogado, flotante en el líquido, le rozó los bigotes. Impetuosamente, se levantó de la mesa, lanzó la servilleta a la cara del mesero y le dio un empujón. Después salió metiendo un portazo, sin percatar que otra langosta devoraba la pluma del sombrero que retiró de la percha y se colocó encima.

Afuera media docena de nuevos insectos se estrellaron contra él, aferrándose a las hombreras y a las solapas de su traje. Se los arrancó ya un poco poseído del pánico, confirmando que a medida que caminaba una extraña lluvia golpeaba en torno suyo. ¡Una lluvia de langostas! Llovían a su paso y sobre él, pero no en ninguna otra parte. Bastaba que se detuviera un instante para que lo cubrieran de la cabeza a los pies y comenzaran a mordisquearlo frenéticamente. Le devoraban el vestido, los cabellos, las cejas. Los transeúntes desprevenidos, la romería de la plaza, los ociosos del atrio, los mendigos, las mulas y los perros se detenían admirados a contemplar el fenómeno. Telmo pidió ayuda, pero nadie acudió. Entonces descubrió que si se sacudía con violencia y largaba a correr las dejaba atrás, y corrió sin parar hasta la cuadra donde cuidaban su caballo. Mientras ensillaba, volvieron a cubrirlo. Al galope cruzó la cortina del inmundo chubasco, y a carrera tendida abandonó las calles de la ciudadela, pero una legua abajo de Ouro Preto se detuvo, pensando en sus *contos de reis*. Los guardaba en su cuarto, no podía dejarlos, al precio que fuera necesitaba volver. En ese momento otro bicho aterrizó en los belfos de su caballo y lo aruñó con las patas. El bruto no esperó a que Telmo Brilhante acabara de pensar.

Todas las devastadoras apariciones de la langosta en América, que a su paso dejaron ruina y desolación, estuvieron precedidas por la presencia de un jinete desmirriado y famélico con cara de apuro, montado en un rocín tan estrafalario como él. Asomaba unas horas antes, imploraba algún alimento y se concedía un pequeño descanso, para seguir luego a todo galope. Tras su partida comenzaba a caer el chubasco. Eran las primeras langostas, o *guías*, que de una sola sentada devoraban una hoja de tabaco o engullían una mazorca. Después venía el grueso, la nube impenetrable y oscura que cubría el cielo, la devoradora del mundo. Hace mucho tiempo no se sabe dónde puede hallarse este asombro revuelto, pero la persecución del jinete continúa.

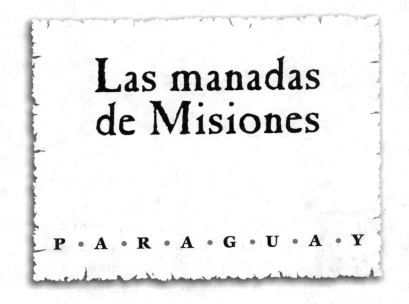

Las manadas de Misiones

Cuando en 1767, en cumplimiento de lo ordenado por Carlos III, el gobernador Bucareli expulsó de las orillas del Paraná a los jesuitas, cuyas misiones entre los guaraníes habían alcanzado la dimensión y el poder de un verdadero imperio, la codicia corroyó el corazón de las gentes. La vista de las propiedades que los frailes se disponían a dejar, representadas en indios, tierras, semovientes, edificaciones y herramientas, amén de eventuales tesoros en metales preciosos, envenenó las conciencias. A ello obedeció que toda la comunidad circunvecina se mostrase indiferente con la suerte de los religiosos. Mientras éstos esperaban el penoso desenlace, el vecindario le tenía puesto el ojo a lo que habría de pillar. Pero dada la notable circunstancia de que los agentes del gobernador Bucareli no se atrevían a penetrar con prontitud al territorio de Misiones por miedo a la ira de los indios guaraníes, fuerza de choque de los jesuitas, la riqueza que con mayor facilidad estaba destinada a cambiar de manos eran los semovientes. Infinitas manadas de caballares y vacunos pastaban por doquier, al alcance de la mano. Los comarcanos las contemplaban impacientes, y mientras el conflicto de la expulsión se tornaba candente, al punto que se temía la inminencia de un alzamiento armado de los aborígenes, sumaban con mal disimulada alegría las cabezas que se disponían a tomar. Éste, y no otro, fue el motivo de su frialdad y de su escasa adhesión a la causa de los expulsados.

Empero, no existía nadie más entusiasta y activo que la criolla Belarmina del Foso, una estanciera que ya se sentía dueña de todo. Ella había contabilizado con encomiable paciencia uno a uno los vacunos que pastaban en sus alrededores, y había llegado a la conclusión de que sumaban doce mil cabezas. En pesos fuertes, esto rendía una suma apreciable. Pero echarle mano a semejante rebaño requería brazos y elementos. La emprendedora mujer sacudió enérgicamente a su marido José, quien se rascaba turulato la cabeza sin encontrarle solución al problema, y lo envió camino de Asunción, en busca de un préstamo que le permitiera adquirir media docena de negros esclavos, una veintena de hierros de marcar, rejos y útiles de vaquería. Sin contar con tal provisión sería imposible traspapelar la propiedad de los semovientes antes de que las autoridades procedieran a inventariarlos y aplicarlos al real fisco.

Mucho trabajo le costó al pobre José conseguir el capital requerido, lo que sólo logró al precio de vender anticipadamente el botín e hipotecarse hasta las orejas, pero una semana después estuvo de vuelta en compañía de los esclavos y el resto del encargo. Casi de inmediato comenzó la ardua labor de enseñar a montar a los negros, lo que dado su temor y su desconocimiento secular del arte de la equitación resultó en extremo difícil. Los caballos rehuían a estos jinetes de color, y ellos temían los caballos. Una semana entera se perdió esperando que unos y otros se entendieran, hasta que Belarmina del Foso resolvió el litigio por el expedito camino de apalearlos a todos. Poco se ganó con ello pues los negros, una vez puestos sobre los caballos, sufrían de vértigo. Belarmina apeló de nuevo a su drasticidad y los obligó a permanecer montados las veinticuatro horas del día. Enlazar, manear la res, pegarla del suelo y marcarla fue otra lección harto trabajosa de aprender, pero al cabo de un mes los negros eran expertos. El aprendizaje estuvo a punto apenas el día preciso en que se divulgó la real cédula que obligaba a los jesuitas a salir de inmediato de aquel último reducto de América. Entonces se inició la faena.

Por mucho que nos empeñemos en calcular aquí cuánto tiempo toma a ocho vaqueros de los mejores, encarnados en este caso por José, Belarmina y sus seis negros jinetes, perseguir, enlazar, tumbar, marcar y encorralar doce mil reses, es casi seguro que ese dato cae fuera del espacio disponible. Medido en horas de trabajo, representa demasiadas jornadas, demasiado sudor, demasiado cansancio. Nadie podrá decir cuánto trabajaron los pobres estancieros y sus esclavos, pero fue demasiado. Al final, como quiera que sea, la criolla Belarmina del Foso, quien había asumido el triple papel de dirigir la labor, cocinar para los operarios y participar del rodeo, no tenía voz, ni posaderas, ni riñones completos.

Todas las mañanas se aplicaba abundante sebo entre las nalgas antes de salir a cabalgar, y aun así la horcajadura se le peló hasta quedar en física carne. Al final se sentía muerta, abatida, aplastada. José renqueaba, los negros yacían estropeados, miraban con odio, gemían. Pero en los corrales del matrimonio rumiaban, ostentando en el lomo el hierro de casa, diez u once mil reses. Los del Foso, descontando las deudas y aun al precio en que el hato había sido negociado previamente, eran ricos.

Algo similar había ocurrido en los alrededores. Por doquier, estancieros premunidos de mayor o menor cantidad de elementos y brazos, habían procedido a incorporar al hato familiar las manadas abandonadas por los jesuitas, siempre al costo de agotadoras jornadas. Los indios guaraníes no representaron obstáculo alguno para el frenesí usurpador. En justa legalidad, a ellos les correspondía ser los herederos de aquel emporio de riqueza, pues sus manos lo habían creado, pero un claro instinto de supervivencia les decía que una vez desaparecidos los misioneros, una nueva clase de dueños vendrían a remplazarlos, y la mayor parte optó por replegarse a la selva, en espera de días más claros. Si algunos se encorajinaron e intentaron reclamar algo, fueron espantados a los escopetazos, y allí paró todo. Los grandes hatos ganaderos de los jesuitas de Misiones cambiaron inapelablemente de dueño.

La jornada en la estancia de los del Foso acabó un buen día bien entrada la noche. La pobre Belarmina, derrengada y extenuada a morir, con las manos y las sentaderas ampolladas, ojerosa y arrugado el cogote, ni siquiera tuvo aliento para averiguar dónde estaba su marido. Se arrastró como pudo hasta el umbral de la cabaña que les servía de albergue y antes de alcanzar la puerta cayó de bruces y quedó profundamente dormida. El frío cierzo nocturno no logró removerla: parecía que una montaña la hubiera arropado, sus ronquidos espantaron los búhos y murciélagos que merodeaban el lugar. José, quien no se hallaba menos cansado, tropezó en la oscuridad un poco después, y cayó junto a ella. El uno durmió al lado del otro, como un leño junto a otro leño.

Unos minutos antes del amanecer, entre los trinos de los pájaros y la claridad acuosa de la hora, Belarmina despertó asustada por un grito extraño. Estaba cubierta de rocío y tenía fríos y agarrotados los miembros, pero se puso de pie con violenta y dolorosa resolución. Alguien arreaba ganado, podía jurarlo. Y en efecto, sus ojos desorbitados contemplaron a un fraile jesuita, que azotaba el aire con sus disciplinas, arreando una invisible manada. Levantó de un empellón a José, quien quedó erguido, aunque cerrados los ojos. Un manotón le obligó a abrirlos apenas a tiempo para ver pasar delante suyo al misterioso personaje. Marido y mujer se miraron con inocultable terror, antes de tranquilizarse pensando que se trataba de un sacerdote rezagado de todos los demás, visiblemente alterado por la intensidad del conflicto, librando a disciplinazos una lucha contra no se sabe qué figurado enemigo.

Por si las moscas, los esposos se santiguaron en su presencia. El monje cruzó junto a ellos sin mirarlos, y continuó su camino, zumbando los ci-

licios. Belarmina hubiera podido jurar que en aquel preciso momento el ambiente olió a majada revuelta, a res sudorosa y mujiente, a rebaño de paso. La impresión, sin embargo, fue demasiado confusa, pues luego de manipular millares de animales su marido y ella olían más intensamente a ganado que el ganado mismo. Aun así, a Belarmina le pareció que unos pasos adelante del sacerdote el blando y húmedo suelo se hundía bajo el peso de imaginarias pezuñas, pero ello sólo constituyó una pasajera impresión, ya que por todas partes la tierra estaba sembrada de pisadas de hombres y animales, plantadas en la intensa labor de los días anteriores. Todo lo atribuyó entonces a una súbita oleada de debilidad física producida por la falta de comida. Se frotó los ojos, invitó a José a seguirla al interior de la cabaña, y puso en marcha un reanimador desayuno.

Una apetitosa loncha de tocineta crujía en la sartén cuando los negros llamaron a la puerta. Sus toques sonaron fuertes y apurados. José les abrió, y se paralizó sorprendido de lo blancos y grandes que tenían los ojos.

—¡Amo, corra a la pradera! —gritaron.

El desayuno quedó en el fogón. José y Belarmina corrieron hasta una espesa cortina de abetos que cortaba el paisaje, y observaron la pradera a sus anchas. En un principio nada les pareció raro, tan enorme era la anomalía. Los pastos seguían allí, el verde era una mesa de billar, un meandro del Paraná relumbraba a lo lejos.

—¿Qué pasa? —preguntaron impacientes.

—La manada —indicaron los esclavos, atónitos de que sus amos no cayeran en la cuenta.

¡El ganado! No había un toro, una vaca, un ternero. Las manadas que la tarde anterior oscurecían las praderas no estaban, este era el detalle que faltaba al paisaje. O durante la noche había ocurrido una estampida, o el bueno de uno de los vecinos, en el frenesí del hurto, las había arreado de su lado. O los negros habían cometido un desafuero. Belarmina se volvió a escrutarlos con ojo zahorí. Ellos retrocedieron asustados, advirtiendo la torcida intención de inculparlos. El gesto fue tan espontáneo que la matrona no encontró mérito para ir por el palo. Una oleada de congoja le azotaba el corazón: aquello era verdaderamente insólito.

—¡A los caballos! —gritó entonces.

Corrieron al corral de los caballos, pero tampoco los hallaron.

—¿Dónde están, negros sinvergüenzas? —chirrió la mujer.

—Señora, anoche quedaron aquí —respondieron los esclavos, aterrados.

La matrona volvió a escrutarlos con mirada ceñuda, para volver a concluir que no tenían nada que ver en el caso. Si los negros hubieran estado implicados en el robo habrían huido. Pero, entonces, ¿dónde estaban las once mil reses? Se lanzaron a campo traviesa, corriendo como locos, en busca de una explicación que nos les cabía en la cabeza.

De esta manera recorrieron la pradera de un extremo al otro rebuscando tras los matorrales, escarbando en los pastizales y hollando los sotos aislados. Por ninguna parte había ni siquiera un pelo de res, pero tras ir y venir descubrieron que las huellas de las pezuñas confluían desde distintos lugares en un cauce común, formando un pisoteado y concurrido lendel. Una gran caravana de animales había cruzado por allí. La siguieron, aunque Belarmina insistía en que no debían hacerlo sin ir previamente por las escopetas, pues inapelablemente tendrían que liarse a tiros con algún insolente cuatrero. Seis horas después continuaban caminando sin avistar nada. De trecho en trecho, nuevos arroyos de pisadas provenientes de distintas direcciones se unían al que estaban siguiendo. A media tarde, por uno de aquellos ramales secundarios, desembocó una familia de colonos que también perseguía su manada. Traían la misma urgencia, y la misma versión: sus reses habían desaparecido luego que un insólito jesuita cruzara frente a su rancho, arreando una vacada invisible.

Poco a poco, todos los colonos de Misiones, tanto los pudientes como los pobres, los grandes como los chicos, se juntaron en el doliente sendero abierto por las huellas de cientos de miles de pezuñas. El desaliento y la admiración eran los sentimientos de aquella romería. A nadie le había quedado una vaca ni un caballo, nadie tampoco había visto otra cosa que el misterioso fraile en su actitud de arrear blandiendo disciplinas. Pero como no era posible aceptar que se trataba del mismo personaje, pues no cabía en la cabeza de nadie que uno solo hubiera empujado todas las manadas, se abrió campo lo sobrenatural, y aquella vieja conseja de que los jesuitas son el diablo en persona se consolidó.

Un día, muchas leguas adelante, el rastro se detuvo a la orilla de la gran laguna de Iberá. Allí los más entendidos creyeron encontrar una explicación razonable: las reses habían sido embarcadas. Se rodeó entonces con premura el contorno, buscando el lugar donde hubieran arribado, pero no se encontró huella alguna. En razón de ello, resultó imperioso concluir que el maldito fraile simplemente había empujado las manadas al agua, donde todos los rumiantes perecieron. Los más animosos no quisieron dejar de confirmarlo y adquirieron barcas para recorrer todos los rincones y confines de aquel gran estanque. Su pesquisa también resultó inútil. Ni una sola señal confirmaba esta hipótesis, ni un pelo flotaba en la superficie armoniosa del agua; nada en absoluto.

Por el mismo camino de ida, los entristecidos lugareños regresaron. De todos, nadie retornó tan desalentado como Belarmina del Foso, quien aún presentía lo peor. Y en efecto, unos días después, una plaga voraz se abatió sobre ellos, como si una desgracia sólo anticipara la siguiente: la langosta de los acreedores, que los despojó sin piedad de la tierra, los aperos, los ranchos y hasta los vestidos.

Las pasiones de Nerio

Nerio divirtió y aterró a Cartagena durante casi una década. Ni funcionarios ni prelados fueron partidarios suyos, por considerarlo un engendro del Diablo, pero Nerio era la mascota predilecta del gobernador, y todos estaban obligados a fingir en su presencia admiración y alegría. En realidad, Nerio les causaba horror, pues no existía nada que contradijera tan de cerca el precepto sagrado de que el hombre es criatura de Dios, anticipando en varios siglos la herética doctrina de la evolución. Nerio, en todo caso, no parecía antecesor del hombre actual sino del *homo futurus*, pues poseía una simplicidad alegre y triunfal, denotaba una inteligencia superior y exhibía una innata y pacífica vocación de servir.

A Nerio sólo le importaba complacer y servir. Su dueño lo había comprado a un marinero malayo y lo había instalado en palacio con todas las comodidades de rigor, pero desde el primer momento el desempeño de Nerio consistió en imitar lo que hiciera la gente, particularmente las decenas de pajes que lo rodeaban, a quienes consideraba sus congéneres. Como no se le permitió cargar bandejas o cepillar trajes, lo vital de su existencia radicó en caminar a la manera del obispo, reír como el comisionado del rey, espolvorearse la cara como su señora la gobernadora, asistir muy grave al consejo de ministros y sentarse a manteles. El día que presenció el primer sarao se dejó contagiar de tal forma por la música que irrumpió en el salón y ofreció su mano a una muchacha bonita tras hacerle una venia. El gobernador respaldó sus pretensiones, pero ella y todas las demás mujeres se negaron. ¡Ninguna dama de la Cartagena de Indias del siglo XVII iba a prestarse para bailar con un mico! El buen animal insistió lleno de cortesías y obsequiosidad, cual lo había observado de los caballeros. Finalmente, tomó su propia cola como pareja y empezó a bailar la más armoniosa de las contradanzas que se hubiera bailado allí, en medio de la admiración de los concurrentes, que casi no podían creerlo. A partir de aquel día Nerio fue invitado de honor de todas las celebraciones bailables, gustara o no al público.

Era un mono alto, rubio, especie de babuino, de rabo pelado y cola larga y gruesa, la cual llevaba siempre levantada y por lo común delante de sí, como un alto cayado. Su hocico emergía de la cornisa de la frente, donde sus inquietos ojillos rojizos tomaban nota de todo. Tenía una postura expectante y discreta, y puede afirmarse que se comportaba en sociedad como el más educado y el más juicioso de los humanos, pues no era dañino, ni alborotador, ni incurría en groserías, como el común de su especie. Otro elemento en su ventaja era que no gustaba de acrobacias ni volatinerías. Prefería los mullidos sillones y las almohadas a los adoquines, más como enseres de categoría que de pereza, se desplazaba sobre sus pies derrochando donaire, y sabía aguardar con paciencia apoyando su pelado rabo en el piso. Cuando debía levantarse a divertir, o a servir, lo hacía sin retraso.

Sólo una cosa no podía soportar Nerio, y era que las mujeres aparecieran en su presencia cubiertas. El gobernador advertía expresamente a sus invitadas que no trajeran tocados ni adornos de ninguna especie sobre la cabeza, pues su mico las descubriría. El asunto no adquirió ninguna importancia mientras fue problema doméstico, pero todo cambió cuando a Nerio le dio por salir a la calle.

Nerio observaba el gran mundo de allá afuera asomado a las ventanas del palacio. Los carroma-

tos, la vocinglería de los buhoneros, el mercado de esclavos, los gritos de los niños y el alegato de las marchantas le causaban una gran curiosidad y arrancaban leves movimientos en sus cejas. Su expectativa divertía tanto a los criados que un buen día uno de ellos lo llevó consigo hasta la taberna, para comprar el pichel de vino con que se adobarían unas perdices. Nerio tomó atenta nota de la operación. Al día siguiente, a la hora exacta de la salida anterior, tiró los faldones del sirviente, invitándolo a ir por lo mismo. El gobernador presenciaba la escena e indagó su significado, enterándose al punto.

—Entreguen a Nerio la moneda y el pichel —ordenó—. Vamos a ver con qué nos sale este simio del diablo.

Le abrieron la puerta y el mico fue corriendo hasta la calle de la taberna, entró en el negocio y puso encima del mostrador la moneda y el pichel. El tabernero le llenó el jarro y se lo devolvió. Nerio dejó el pago y regresó a todo correr. Por el camino los caballos enloquecieron, las aves de los pajareros tumbaron sus jaulas y las mujeres se llevaron un susto fenomenal, pero con el tiempo todos se acostumbraron a su paso y Nerio se apersonó del oficio de comprar el vino como cualquier parroquiano. Esta fue la forma como el público

cartagenero lo conoció y entró en familiaridades
con él.

Nunca entregó la moneda sin que antes le hubieran rebosado el pichel, pero tampoco nunca se
bebió una gota de vino. Era leal e insobornable
con los intereses de su dueño. Un día, los chicue-
los decidieron divertirse a su cuenta y lo acribilla-
ron a punta de mangos y pepas de guama. Nerio
soportó con estoicismo el castigo resguardando el
jarro con su cuerpo y recogiendo las frutas que
rebotaban sobre él, hasta llenarse las manos. Cuando la tormenta amainó se revolvió a la manera de
un jinete berberisco y cargó sobre sus atacantes,
haciendo gala de una implacable puntería. No se
necesitó de ningún bando del gobernador para que
los pelafustanes lo dejasen en paz.

Todo hubiera tenido el final de un cuento de
hadas, y sus enemigos los altos funcionarios y los
prelados, y todos aquellos que veían en su sola
existencia una manifestación diabólica y una he-
rejía habrían tenido que rabiar, de no haber per-
sistido nuestro sabio amigo en la fea costumbre de
arrancar los tocados de las damas cubiertas. Pues
ahora bastaba con que a la distancia emergiese
una cofia o un sombrerillo de pico para dispararse
raudo hacia allí, y derribarlo de un manotazo. Se
trataba de una acción inofensiva y nadie jamás

llegó a salir lastimado, porque la realizaba con precisión y celeridad, pero el susto resultaba mayúsculo, y más de una sorprendida señora se desvaneció, al verse rebasada por la oscura y siniestra sombra del acróbata a plena luz del día. El gobernador sostuvo a solas muchas conferencias con él y le habló en tono franco, usando algunas de sus mismas monerías, de lo reprobable de este defecto. Sus sermones fueron tiempo perdido. Nerio tenía sus maneras de afirmar o negar en señal de obediencia, pero permaneció sordo a lo que se le indicaba.

—Algún día vas a encontrar un justo castigo por esa extravagancia tuya —repetía el gobernador, fingiendo mal humor.

El castigo, diría después el obispo, le vino del cielo. Una tarde, al momento de salir de la taberna con su cotidiano encargo, Nerio descubrió a lo lejos una blanca columna que avanzaba por el camellón de la Merced. Se detuvo a otearla y confirmó con gran excitación que se trataba de un grupo de mujeres cubiertas, las catorce monjas de la Real y Militar Orden de Nuestra Señora de la Merced Descalza, que muy raramente salían de su claustro, y aquel día regresaban de su visita anual al Cerro de la Popa. Verlas, abandonar el pichel en el umbral de una puerta y dirigirse hacia ellas a carrera tendida ocurrió a un mismo tiempo. Cuando sus recogidas extremidades inferiores entraban en juego con sus larguísimos brazos, Nerio se convertía en un campeón de salto y velocidad: las tejas de las monjas comenzaron a volar por el aire, en medio de una loca gritería. Aquellos no eran sólo gritos de pavor. Las monjas de Nuestra Señora de la Merced estaban advertidas de la existencia de Nerio y de la posibilidad de encontrarse con él. Los resultados del ataque del simio fueron una mezcla de histeria colectiva, gozo y aflicción. Algunas de las monjitas mojaron sus interiores, otras dejaron escapar sus dientes postizos. Quienes alcanzaron a echar mano de las largas y pesadas camándulas las rompieron entre los dedos y desparramaron sus cuentas. Pero un sonido estridente se impuso sobre todos. Era la risa de la hermana Mandi, que reía con los dientes afuera, dejando al descubierto los murallones de unas encías rosadas y sanas. Su piel oscura, su nariz achatada, las arrugas alrededor de los ojos y la forma como éstos brillaban, desconcertaron a Nerio, quien detuvo su irreverencia. Este repentino desistimiento permitió a las monjas recoger sus tocas y huir en tropel.

El convento de la Merced quedaba al doblar de la esquina, haciendo juego a una blanca capilla y una fresca arboleda. Cuando las catorce monjas que integraban la comunidad alcanzaron su interior y se sintieron a salvo dieron rienda suelta a las más locas carcajadas, hipos, respingos, chillidos y llantos, pues todas estaban al borde del infarto. El carmín les coloreaba las mejillas, hablaban todas a un tiempo, lloraban y reían a la vez. El momento había sido tan excepcional que la monja superior ofreció un trago de vino para relajar los espíritus antes de enviarlas a sus celdas, donde debían componerse y serenarse para acudir a los oficios vespertinos. La calma, pues, retornó al pequeño regimiento, poco a poco los corazones quedaron en paz, con la sola excepción de la hermana Mandi. Ella no podía olvidar la mirada sorprendida y el gesto desarmado y lleno de asombro del mico cuando la despojó de la teja. Se había quedado literalmente tieso. En el fondo, se sentía vanidosa y halagada, como ocurre a cualquier dama a quien un caballero le regala una flor al pasar. Este sentimiento la mantuvo caminando de un lado a otro del estrecho aposento, hasta que los pasos terminaron por llevarla a la ventana, desde donde observó distraída la calle. Una vez más, aquella risa estridente y característica que la distinguía entre todas las monjas escapó de su boca. Nerio la miraba desde la acera de enfrente, ladeando angustiosamente la cabeza para atisbarla por entre los barrotes.

Al final de aquel día, nuestro héroe cometió la primera indisciplina de su vida. La noche se había apoderado de la calle, y las luces que durante un rato alumbraron en las ventanas del convento se extinguieron en rápida sucesión, al descender las reclusas a la capilla. A continuación seguía la cena, la espera se hizo larga. Nerio tomó el pichel de vino que había guarnecido con extremo cuidado durante toda la tarde y lo apuró sin pensar. El fuego de la bebida inflamó su garganta y le devolvió la confianza, tanto que limpió sus barbas con el dorso del brazo y decidió suspender la vigilia. Pero de vuelta hacia el palacio del gobernador penetró en la taberna y pidió un nuevo jarro de bebida. El tabernero se lo negó al descubrir que no portaba ninguna moneda, Nerio le mostró los dientes y prosiguió su camino.

A partir de aquel día se convirtió en adicto y ladrón. Compraba el vino con la remesa que le daban para ello, se lo bebía encima del mostrador y caminaba hasta el costado del convento de la Merced, donde pasaba horas enteras observando la ventana de la monja. Rato después regresaba donde su dueño y pedía otra moneda. El gobernador le reñía y le decía cosas que simulaban severas reprimendas, pero igual se la daba. Nerio partía hacia la calle y repetía la operación. Con el tiempo se aburrió del oficio de pedir y aprendió a hurtar

los cuartos de la bolsa de su dueño. Los criados le informaron al gobernador, pero éste dijo que lo dejaran hacer, pues quería averiguar a dónde conduciría el asunto. Nerio sólo hurtaba lo necesario, ingería cuatro o cinco pintas de vino por día, y alegre y un poco borracho realizaba su guardia.

Todo Cartagena contuvo el aliento observando el asedio. Para nadie era un secreto la razón de aquel embarazoso episodio. El obispo, sin medir las palabras, denunció desde el púlpito el sitio que el Diablo había puesto a una casa de Dios. El Tribunal del Santo Oficio acudió al palacio del gobernador para sugerirle hacer algo. «Dejadle, está enamorado, eso es todo, a cualquiera le pasa», respondió el mandatario, cada vez más emocionado con lo que estaba ocurriendo. El asunto, en verdad, lo divertía de lo lindo, aunque no dejó de preocuparlo y ordenó que dos guardias se instalaran de manera discreta en las callejuelas adyacentes, para proteger a Nerio de un posible fanático.

Las semanas y los meses prosiguieron su curso. Nerio, a la sombra y al sol, bajo la lluvia o a la luz de la luna, continuaba su guardia. Como entonces no existía el oficio del periodismo y no se estilaba todavía el suspenso de los medios modernos, la gente fue perdiendo interés. Un mono loco debajo de una ventana no pasaba de ser una extravagancia más, la normalidad volvió a su rutina. Así, cuando Nerio desapareció, nadie llegó a darse cuenta. La noticia de que ya no celaba la ventana de la hermana Mandi se recibió con un poco de nostalgia, y un poco de alivio. La gente que preguntaba a dónde había ido, recibía por respuesta la ligera versión de que había embarcado en la carabela de su antiguo dueño malayo y navegaba rumbo al Asia.

El convento de la Merced también retornó a la rutina. Una vez por año, las monjas repitieron su acostumbrado paseo a La Popa, marchando siempre en apretada columna. Recogiditas y juntas, caminando como rechonchos gansitos, resultaba difícil contarlas. Quien se hubiera tomado el trabajo de hacerlo habría constatado que sólo eran trece.

Los secretos de Ignacio Selm Selm

V · E · N · E · Z · U · E · L · A

En medio del crudo empeño de los hombres y los pueblos por sobreponerse unos a otros, por desafiarse y vencerse, existió alguien que de alguna manera escapó a los parámetros y consiguió ser feliz. La cosa ocurrió por accidente, pero esto no invalida sus méritos. La felicidad, como la honradez, siempre ha sido un azar.

Ignacio Selm Selm había emigrado a América en pos del oro del Esequivo holandés, y aquí se convirtió en un magnate. Con los réditos de su aventura se edificó un gran palacio al borde de la selva, adquirió esclavos y perros y se compró una mujer. La manigua envolvía sus ventanas. Era común que durante la noche una exuberante enredadera penetrara a su cuarto y floreciera encima de la almohada, o que una cacatúa anidara en las vigas del techo y le ensuciara las sábanas. Ignacio

Selm Selm se sentía irresistiblemente atraído por la selva, pero la temía. Sólo con mucha prudencia, y en compañía de sus perros, era capaz de internarse en ella por unos minutos.

Un día, sus perros olfatearon un animal desconocido y lo siguieron. Se trataba de un ante celeste, espécimen del que Ignacio no tenía noticia. Los perros no respondieron a sus llamadas, de manera que no le quedó más remedio que adentrarse tras ellos, tratando de alcanzarlos. Un poco más adelante halló la piel, sólo la piel, del mejor de sus monteros. El ante la había dejado tirada en señal de advertencia. Ignacio se dejó llevar por la rabia y prosiguió selva adentro, hallando de trecho en trecho la pelambre del resto de sus acompañantes, ejecutados de uno en uno. Sin perros y sin conocimientos para moverse entre la manigua perdió cualquier posibilidad de volver. Al atardecer se quedó dormido bajo un árbol de extraña fragancia. Un mico bajó y le robó la escopeta.

Desarmado, sin perros y sin saber moverse en la selva, Ignacio Selm Selm hubiera muerto al cabo de unas horas, pero era el tiempo de las hijas de los árboles. Mientras dormía brotaron a su alrededor, convertidas en mujeres de caoba, de samán, de ceiba y quebracho. Formaron sus piernas de los murallones de raíces regados por el suelo, y de los nudos de los troncos sacaron los brazos, los codos, la cabeza y los hombros. Al comienzo, ellas también estaban dormidas, pero muy pronto despertaron. Era época de celo. Se desparramaban por la selva en busca de hombres y cada que encontraban uno celebraban una saturnal. Era una sola noche por año, pero al amanecer Ignacio se halló viejo y extenuado. Lo dejaron cerca de un arroyo, mas le fue preciso arrastrarse para alcanzar la orilla y beber. El resto del día no tuvo fuerzas ni para mover las pestañas.

Sin embargo, en medio del delirio de aquella jornada le habían enseñado a sobrevivir. Ignacio sabía ahora que la palma muriche brinda gusanos comestibles del tamaño de un dedo pulgar, más sabrosos que los quesos de Flandes. Los podía degustar con el vino dulce que ofrece su tallo. Le enseñaron también el secreto de muchas resinas y esencias, en particular de aquellas que atraen las especies silvestres. Fabricó un arco, se aromó el cuerpo y usó una de ellas. Al soplo del viento, que difundió a todas partes el aroma de la resina mezclado a la transpiración de su piel, acudieron el tapir y el venado, a los que abatió sin esfuerzo. A cambio de este secreto fue admitido en la tribu de los Guapos, donde se casó con una mujer a la que puso por nombre Manuela, y fue padre de una niña.

Siempre creyó que su encuentro con las hijas de los árboles había sido un sueño, un delirio producido por la soledad de la selva, pero al cabo de un año vinieron de nuevo por él una noche de luna. Manuela lo encontró a la siguiente mañana más arañado que una guacharaca, y convertido en anciano. Lo cuidó con esmero y consiguió rejuvenecerlo, cosa a la que contribuyó mucho el que antes de separarse de sus raptoras les hubiera pedido el don de la habilidad. Unos días después los micos bajaron a su rancho y lo llevaron a ejercitarse en el difícil arte de cruzar los ríos volando. Fue un alumno regular. Se prendía bien de la cola del último mico de la cadena que formaban colgados del árbol más alto, se balanceaba bien sobre el agua, pero cuando le llegaba la hora de soltarse, dar vuelta canela en el aire y prenderse de la rama del árbol de enfrente, ofreciendo al mismo tiempo los pies al mico que venía detrás, generalmente cometía una torpeza. La manada terminó muchas veces en el agua, varios micos se ahogaron, pero al fin aprendió. La fiesta de grado fue una ruidosa celebración que alarmó a toda la selva.

Cuando llegó el tercer año, y muy en contra de la voluntad de Manuela, Ignacio Selm Selm buscó por su propia cuenta el árbol aromático bajo el cual se había quedado dormido la primera vez. Después de tanto tiempo anhelaba los suplicios de

las mujeres vegetales y no podía aceptar que fueran a pasarlo por alto. Nunca se supo qué les pidió en esta nueva ocasión, pero regresó por el río montado en una tabla de corcho, a rastras de un manatí que lo deslizaba sobre el agua a velocidades fantásticas. Se cree que había recibido el don de comunicarse con las criaturas acuáticas porque la tribu se benefició mucho de su estrategia de pescar enamorando las hembras de los peces.

La cuarta vez pidió noticias de los suyos. Había perdido la noción del tiempo y calculaba que muchas alianzas, guerras, abandonos, despedidas, olvidos y calamidades terrenas debían haber ocurrido. Anhelaba oír algo de su patria, quería saber de la suerte del mundo. Al cabo de un mes dos extraños viajeros remontaron el Orinoco. Los contempló desde la copa de un árbol hasta convencerse de su procedencia, y entonces saltó. Habían atrapado una capibara y la asaban a las brasas. Les hizo una reverencia, los llamó caballeros y les aseguró que tal comida sólo convenía a salvajes. Era una excusa para invitarlos a cenar a su casa.

Vestido con un simple taparrabos, curtido por los soles del trópico y vuelto a descurtir por las lluvias, Ignacio Selm Selm se les antojó a Bonpland y a Humboldt una mezcla indescifrable. Su edad era indefinible, su idioma, al que se habían mezclado musicalidades y vocablos nativos, constituía a la fecha una extraña jerigonza. Nadie podía percibir en él a un holandés. Sus ojos intensos y azules, la única señal que restaba de su origen, confundían más el cuadro. Lo reseñaron en sus cuadernos como otra más de las curiosidades del trópico.

En su hogar, que era una simple choza, adonde se adelantó para advertir a su mujer y a su hija que cubrieran un poco sus cuerpos, temeroso de que la desnudez llegara a incomodarles, los deleitó con una exquisita sopa de icotea y les ofreció cigarrillos. Después les indagó por Europa.

Estaba muy atrasado de noticias y preguntaba por el desenlace de episodios iniciados diez años atrás. Su revolución francesa continuaba inconclusa, Napoleón apenas entraba en escena. Bonpland y Humboldt lo pusieron al corriente de todo y agregaron numerosos detalles concernientes a sus viajes e investigaciones. Ignacio les obsequió muchos datos y los sacó de uno que otro error. Antes de la despedida, le preguntaron cómo le iba en la selva.

Les respondió que no podía quejarse.

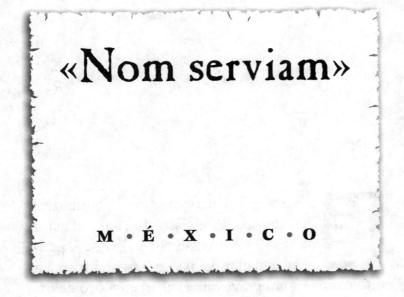

«Nom serviam»

M · É · X · I · C · O

La comunidad mexicana de la Santa Orden de San Francisco de Asís estaba a punto de disolverse por culpa de las excentricidades del padre Varrumbroso. La situación era tan grave que el abad convocó de urgencia una junta eclesiástica, mientras los monjes más ágiles y forzudos descolgaban al culpable de toda aquella alteración de la punta del campanario donde, sin que mediara explicación alguna, había amanecido colgado, engarzado por la sotana del pico de hierro que bendecía la veleta.

Tras desayunar a toda prisa, los frailes acudieron en tropel al salón abovedado del consistorio. Antes de ingresar levantaron el capuz que les colgaba de la espalda como arrugada joroba y se cubrieron la cabeza, sumergiendo sus facciones en la sombra. También guardaron las manos bajo la sotana e irrumpieron cabizbajos en el interior del recinto, en actitud de recogida humildad. Cada uno tenía señalado su banco, pero esta vez todos se aglomeraron atropelladamente en las filas delanteras, buscando quedar lo más cerca posible de la tosca mesa de cedro donde se sentaban los frailes más doctos, quienes presidían la asamblea. Era como si tuvieran frío. Y en efecto, hacía mucho frío, aunque se vivía lo más crudo del estío. Sobre Ciudad de México habían comenzado a cernirse las tormentas de polvo levantadas por el viento en los pedregales de sus alrededores resecos. El calor agobiaba, pero el convento de los franciscanos estaba convertido en nevera.

La barba puntiaguda y canosa, que era lo único del rostro del fray Cristóbal que sobresalía de la penumbra del capuchón, tembló de coraje mientras pronunciaba los tres *pater noster* que daban inicio a esta clase de reuniones. Apenas pronunciado el último amén descargó un fuerte palmetazo sobre la mesa, para significar que había agotado la paciencia.

—¡Vamos a tomar una decisión! —exclamó con voz ronca.

Era un monje cincuentón. La prolongada estadía al resguardo de los claustros no había desmanchado su cutis curtido por el sol en las jornadas de su antigua vida misionera, ni mellado su ánimo emprendedor y resuelto. Con esta misma disposición ejercía desde hacía muchos años la regencia de la orden, sin esquivar sacrificios ni dificultades. Las de ahora no le arredraban aunque, debía confesarlo, lo traían confundido y habían logrado sacarlo de casillas.

Por mandato suyo, una semana atrás, el convento había sido vuelto al revés palmo a palmo, en busca de sustancias sicotrópicas. Para sus adentros, el padre Varrumbroso siempre había tenido algo de loco. El fulgor verdoso de sus ojos, sus desmedidos ayunos, sus arrobamientos desproporcionados y místicos, francamente no aparecían normales en un simple monje paleto, al que le costaba trabajo aderezar silogismos y razonar con profundidad en materia de patrística. Su increíble habilidad para pintar era otra razón en su contra, pues por lo común el genio es hermano de la demencia. Pero cuando, en medio de lo más frío de la noche, comenzó a caer desde la azotea a la fuente helada, y a amanecer colgado de una cuerda dentro del aljibe, fray Cristóbal pensó de inmediato en las pócimas enervantes de los bárbaros del Norte, cuyos efectos habían tenido ocasión de comprobar en los tiempos de pacificación del territorio chichimeca. Bajo el influjo de tales sustancias un guerrero indio podía saltar desde el suelo hasta el techo de una carreta, arrancar de un hachazo el cuero cabelludo a un cristiano y desaparecer sin que los pis-

toletazos disparados a quemarropa pudieran detenerlo. Era posible que el padre Varrumbroso hubiera trabado conexión con alguien que le estuviese suministrando esta clase de yerbas, y que en busca de inspiración las estuviese consumiendo. Por eso, la mañana que un alocado repicar despertó sobresaltada a la comunidad, y al correr a la capilla lo hallaron amarrado del badajo de la campana mayor, batiendo con su propia cabeza la mole de bronce, ordenó inspeccionar palmo a palmo cada celda, cada baúl, cada bolsillo de sotana, cada nicho, cada alacena, cada vasija de barro, cada matera, pues en alguna parte debían hallarse las sustancias que el padre Varrumbroso estaba ingiriendo. Pero no se halló nada. Y ahora el monje estaba siendo descolgado de la punta del campanario, donde había amanecido encaramado por arte de birlibirloque. Peor aún, una teoría siniestra había comenzado a circular entre la comunidad, en oposición a su idea de los sicotrópicos.

Resonaban aún en el ámbito del salón los ecos del palmetazo descargado sobre la mesa de cedro, cuando el adusto y fanático padre Belarmino del Sudario de Cristo, el más letrado de los monjes que presidían la asamblea, se revolvió inquieto en su silla, y sin pedir la venia del superior soltó lo que ya tenía fuerza de convicción para la mayoría de los presentes.

—No le busque más patas al gato, padre Cristóbal —dijo con su voz de mirlo—. El problema al que nos enfrentamos no es un asunto mundano.

Un murmullo aprobatorio se levantó de la concurrencia. Arriba, en las cornisas de las ventanas ojivales por donde entraba una luz mortecina, las ateridas palomas agacharon el pico, como pendientes de lo que acababa de anunciarse. Fray Cristóbal acusó la falta de respeto de su subalterno, al hablar sin pedir autorización, pero optó por sentarse y seguir el ejemplo de Job.

—Prosiga, prosiga, padre Belarmino —dijo en voz baja, que acusaba cansancio.

El rebelde no se hizo esperar:

—Lo he dicho y lo repito una y mil veces: ¡Esto es cosa del Diablo!

La declaración arrancó un espantoso murmurio. Las palomas, batiendo sus alas, estuvieron a punto de echarse a volar. Fray Cristóbal no pudo contenerse.

—¡Pamplinas! —reventó desafiando la ingenuidad general—. ¡Qué Diablo ni qué ocho cuartos!

Pero Fray Belarmino del Sudario de Cristo, en lugar de arredrarse, dio rienda suelta a sus resentimientos.

—Si aquí se me hubiera hecho caso, la comunidad de la Santa Orden de San Francisco de Asís ya estaría enterada de lo que se nos vino encima, y no divagando en busca de brebajes y bebedizos —masculló con la boca arrugada, apagando sin control uno de los ojos—. Al menos si se hubieran escuchado los testimonios de fray Patricio y fray Anselmo...

—¡Que se les escuche! ¡Que se les escuche! —rompió a gritar la asamblea.

Ahora el viejo y veterano abad supo que enfrentaba una insurrección. Donde no lograra capearla, el asunto iría a parar a manos del obispo Fonseca, un prelado no muy amigo de la comunidad franciscana.

—Hermanos —suplicó en tono conciliatorio—: seamos razonables. Pintar con esos colores un simple caso de locura atraerá el escándalo sobre nuestra orden. Se dirá que la impiedad de los hermanos de Francisco abrió las puertas a Satán, en su propio cuartel.

Otro de los monjes que compartía la mesa de los doctos, fray Cupertino de los Ángeles, interpuso su voz:

—Eso es absolutamente cierto, la ropa sucia se lava en casa, y ¡zape! del que abra la boca allá afuera. Pero escuchémosles, padre Cristóbal, que a mí ya me escuece el orto.

Cupertino era un monje viejo, sabio, piadoso y un poco grosero. El abad, que a fuerza de vivir desatando cuestiones de la más diversa índole conocía algo de política, decidió que era mejor cederle a él que al sublevado Belarmino.

—Está bien, vamos a oírlos —dijo complaciendo su solicitud—. Pero debo recordarles que con fray Varrumbroso siempre ha ocurrido igual. Cada vez que se le encomienda una nueva pintura comienzan sus arrobamientos, sus penitencias exageradas, sus flagelaciones. Es la única manera como puede inspirarse y realizar sus dibujos, muy bellos por cierto.

—Pero jamás ocurrieron tantas anormalidades —reclamó Belarmino del Sudario de Cristo.

—Porque ahora le ha dado por inspirarse de otra manera —volvió a insistir fray Cristóbal.

Antes de que un nuevo duelo verbal volviera a entablarse, el grito de un azuzador agazapado bajo su capucha repitió la exigencia:

—¡Que se les escuche!

Otras voces lo apoyaron:

—¡Que se les escuche! ¡Que se les escuche!

Verdaderamente el Diablo ronda la comunidad de San Francisco de Asís, pensó el azorado superior, mientras levantaba las manos para imponer orden y silencio, antes de llamar al primer testigo.

—Padre Anselmo de la Cruz Bendita, lo escuchamos —dijo con severidad.

Un hábito que no parecía contener nada adentro se puso de pie con notable irresolución, en medio de la multitud sombría que se apeñuscaba en los bancos. Del fondo del capuchón brotó una voz grave y cansada. Sólo a fuerza de mirar hacia las profundidades de donde emergía los concurrentes pudieron distinguir los reflejos apagados de un rostro saturnino.

—Padre Cristóbal —apeló aquella voz antes que todo—, sea que me crea o no su reverencia, lo único que anhelo pedirle es que me cambie de celda...

—Cíñase a su testimonio —reprendió el abad.

—Hace más o menos dos meses —contó entonces el monje— mi vecino el padre Varrumbroso empezó el óleo de San Miguel...

—San Miguel Arcángel —corrigió el fanático Belarmino del Sudario de Cristo, que en materia de rangos de la corte celestial no admitía equivocación alguna.

—San Miguel Arcángel —subrayó el interpelado, y prosiguió—: Yo mismo le ayudé a templar y a engomar el lienzo, y luego a meter el bastidor en su celda, pues el padre Varrumbroso, como todos sabemos, sólo dibuja en absoluto aislamiento. Un día después tuve oportunidad de ver lo primero que había delineado, que es la figura de Luzbel, cuyo cuerpo retorcido ocupa toda la parte inferior del retablo. Si en algo busca recrearse el padre Varrumbroso es en la exposición exquisita de todas las asquerosidades del Maligno. Todavía sin colores, aquella imagen infundía miedo. Hallé al padre Varrumbroso feliz, preparando los colores y sobando sus pinceles, para suavizarlos.

Hasta aquí, el testimonio del monje coincidía con la idea que todos tenían del arte pictórico del padre Varrumbroso. Las legiones infernales, con todas sus grandiosas y tenebrosas deformaciones, eran el gran tema de su obra. Había adquirido tal dominio y perfección del asunto que la fama de sus cuadros trascendía más allá de México. En presencia de los demonios pintados en sus lienzos vacilaba cualquier humana entereza: los niños rompían a llorar, los caballeros pensaban en la inutilidad de las vanidades humanas, las damas experimentaban vahídos. Más de una mujer encinta había sido acometida de parto precoz después de contemplar las criaturas de Varrumbroso. Pues ni más ni menos parecían retorcerse con un ligero pandear de anillos metálicos, emanar vapores sulfurosos y desprender agresivos reflejos de sus móviles escamas, como si acecharan al pobre e indefenso cristiano que las observaba.

—Pues bien —continuó fray Anselmo de la Cruz Bendita—: tan pronto el padre Varrumbroso empezó a colorear la figura de Luzbel unos golpes secos y apagados comenzaron a oírse en su cuarto. A través de la tapia que separa su celda de la mía di en escuchar risas maliciosas, quejidos y toda suerte de obscenidades, como si el lugar se hubiera convertido en una inmunda taberna. Los ayes y lamentos correspondían a la voz de mi vecino, los desenfrenos y blasfemias a una multitud de extrañas gargantas que emitían desde cantos de grillos hasta silbidos de culebras. Aquella noche no pude dormir, de modo que tan pronto tocaron a maitines salí de la celda y llamé a la puerta de Varrumbroso. Abrió él mismo, pero me señaló de inmediato que guardara silencio. Su estado era lamentable. Como si una gavilla de bandidos lo hubiera azotado durante toda la noche, tenía los ojos amoratados, la boca reventada y sangrante, la nariz hecha añicos. Mas no parecía dolido de ello, sino de que sus colores hubieran sido desparramados y revuel-tos, y su lienzo emborronado por completo, de la manera más grosera que nadie pueda imaginar.

—¿Qué habían hecho al lienzo? —preguntó con visible interés fray Cristóbal.

El monje se puso a temblar, como acometido por un acceso de fiebres.

—Señor, habían dejado sobre él unos dibujos de morbosidad indescriptible.

La asamblea se dejó transportar a las indecentes emborronaduras del Diablo. Algunos monjes alcanzaron a imaginar mujeres desnudas. Fray Cristóbal los interrumpió enérgicamente:

—¿Por qué no comunicaste eso a tu superior?

—Señor, el padre Varrumbroso no me lo permitió.

Belarmino del Sudario de Cristo salió en auxilio del asediado declarante, preguntando algo que puso a todos los pelos de punta.

—¿A qué olía la habitación, fray Anselmo?

—¡Oh! —gimió el fraile—. Aquello era insoportable. Ese olor nauseabundo lo impregnaba todo.

res de la paleta habían sido revueltos con
_ntos, las paredes estaban repletas de palabras ofensivas, escritas con la misma sustancia.

El alboroto que se levantó del auditorio, semejante al hervor de una marmita de aceite caliente, desterró por el momento cualquier asomo de compostura en la sala. El cocinero, un mofletudo y barrigón hermano lego, comenzó a recitar una letanía obsesiva que acabó sobreponiéndose al desorden y acaparando la atención general:

—Ahora me explico la cecina engusanada, la ranciedad del tocino, la leche cortada, el queso podrido, las moscas...

—¡Silencio! —lo detuvo fray Cristóbal.

No podía permitir que la asamblea se le saliera de las manos, pero, por primera vez en la vida, comenzó a sentirse desarmado.

—Continúe, fray Anselmo...

—Todas las noches se escuchaba una paliza igual, y todas las mañanas encontré al padre Varrumbroso peor. Unas veces le habían arañado el cuerpo con una penca de nopal, otras le habían embadurnado el rostro con heces, otras tenía centenares de espinas clavadas en la cabeza. Pero lo peor eran las letanías sacrílegas que se cantaban a su alrededor mientras intentaba pintar, y que yo escuchaba a través de la tapia.

—Vuelvo a repetirte: ¿por qué no informaste de esto a tu superior? —interrumpió una vez más el abad, reiterando la eterna advertencia de anteponer los intereses de la comunidad a cualquier cosa.

El padre Anselmo, en lugar de responder, abatió la cabeza y rompió a llorar como un niño. El avisado Belarmino del Sudario de Cristo se acercó al oído de fray Cristóbal, para cuchichearle:

—Tú también sabías eso. ¿Para qué atormentarlo?

—Puede sentarse —ordenó el superior, en tono muy seco.

El declarante se dejó caer sobre el banco. Desde allí, en un estadillo semejante a un estornudo, declaró:

—Hermanos, les advierto: ¡el Diablo no quiere que lo pinten!

Un silencio sepulcral se apoderó de la sala. Más de un minuto demoró en oírse la voz del padre Cristóbal.

—Fray Patricio de la Santísima Trinidad: ¡lo escuchamos!

Quien ahora se puso de pie respondiendo al llamado era un cura achaparrado, de aspecto vinagroso, cansino, que no denotaba en lo poco que se veía de su rostro ningún interés por las cosas de este mundo, ni del otro. Habló escuetamente:

—No tengo mayor cosa qué agregar a lo dicho por fray Anselmo, sólo que cuando al fin los malditos forasteros dejan alguna noche de meter ese ruido infernal, es para sacarlo a pasear, arrastrarlo por el huerto, tirarlo a la fuente helada o colgarlo del campanario, como lo han hecho esta madrugada. En mi celda tampoco se puede dormir, estimados hermanos. Prefiero que me den por cama la cochera.

Este nuevo testimonio puso las peras a cuatro al padre superior. Aunque todavía nadie era capaz de sacarle de la cabeza que se trataba de un vulgar caso de alucinógenos, refutar lo que se había vuelto una creencia arraigada le pareció misión imposible. Lo más grave era que debía hablar. El auditorio se fue quedando en silencio, a la espera de su fallo. Una pesantez agobiante invadió el viejo corazón del atribulado religioso.

De repente, las palomas encaramadas en las ventanas del consistorio volaron todas a un tiempo, sembrando el salón de sonoros aletazos y derramando polvo y plumones sobre las cabezas de los frailes. Todas las caras se volvieron espantadas hacia arriba, buscando una explicación apurada al suceso. Para sorpresa general, en una de las ventanas asomaba una cabeza. Varios novicios estuvieron a punto de desmayarse.

—¡Padre Cristóbal! —llamó el encumbrado aparecido—: ¡Venga usted de inmediato al pie del campanario!

Los religiosos reconocieron en aquella voz al hermano Rigoberto, uno de los que había ido a descolgar al padre Varrumbroso de la punta del campanario. A través de los contrafuertes que aseguraban los muros del convento, saltando de tejado en tejado, había llegado hasta allí. A su llamado, sin esperar indicación alguna del director, los monjes se levantaron en bochornoso desorden, tumbaron los bancos y se precipitaron hacia la salida, atropellándose unos a otros. Los doctos de la mesa directiva, con idénticos modales, se fueron tras ellos. Fray Cristóbal quedó solo.

La situación, en su conjunto, le pareció un verdadero desastre. Por primera vez, desde cuando asumió la conducción de la orden, la disciplina de sus subalternos estaba hecha añicos. Aquella asamblea había sido una prueba palpable del deterioro reinante. Pero lo que más le conturbaba era la manera como se discutía ahora. Todo un foro mundano. Ni un solo entinema, ni un sorites, ni un silogismo bien redondeado. Aparte de los tres *pater noster* del comienzo, ni una palabra en latín. La lengua sagrada había quedado de lado. Cuán ausentes habían estado los *nequáquam*, los *do ut des*, los *absit*. Definitivamente, aquí estaba el Diablo.

Encolerizado, pues, contra su gente, el viejo abad se dirigió a paso lento hacia el campanario, oyendo el chacoleteo de sus sandalias en los corredores desiertos. Pero antes de que hubiera desembocado en el patio central vio retornar la turba de sus díscolos monjes, que huían como un ejército a la desbandada. Unos juntaban las manos y elevaban los ojos al cielo, otros temblaban aferrados a las cuentas de sus camándulas. La mayoría cayó de rodillas a sus pies.

—¡Sálvenos, padre Cristóbal! —chillaban como ratones apaleados.

Alarmado por este súbito terror colectivo, el abad apuró sus pasos y atravesó el enorme patio sembrado de jardines y frutales, rebasó el albo hastial de la enorme capilla y alcanzó el campanario, donde la comisión de rescate y algunos frailes viejos y avezados, rodeaban la humanidad inerte del padre Varrumbroso, recién descolgado de la torre. En la cara de todos estaban pintados el desconcierto y el miedo. Fray Cristóbal metió temeroso la cabeza dentro del ruedo y observó el cuerpo del cura pintor, que se retorcía inconsciente en el suelo. En un comienzo lo creyó ébrio. Pero en seguida su atención fue acaparada por una delgada serpiente luminosa que hacía cabriolas en su pecho descubierto. Se agachó, apagando los ojos para ver mejor. Un grito de espanto escapó involuntariamente de su boca. Lo que danzaba sobre el pecho lampiño de fray Varrumbroso era una palabra en letras de fuego.

—Léala al revés —dijo alguien.

No le costó trabajo hacerlo. El anagrama rezaba: NOM SERVIAM. ¡Nada menos que la marca del Diablo!

Abrumado por la evidencia de un ataque diabólico en el propio claustro del convento, fray Cristóbal se derrumbó exhausto, aceptando con amargura que se había equivocado por completo. Por primera vez sus oponentes tenían razón y le habían vencido en franca lid. Lo peor de todo era que tendría que recurrir a la autorización del obispo Fonseca para realizar un exorcismo, lo cual equivalía ni más ni menos a ponerse en manos de un enemigo jurado de la colectividad franciscana. Más catastrófico aún: debía ordenar la destrucción del infame lienzo que había originado la intromisión de Satán. Con ello, el convento perdería una imprescindible fuente de ingresos.

El cuadro de San Miguel Arcángel había sido encargado por dos generosos benefactores de la orden, don Alfonso Meléndez y su esposa Agustina. Una parte de las rentas de esta acaudalada pareja, que no tenía hijos, alimentaba mensualmente las arcas de la comunidad. Por mandato testamentario estaba ordenado que a su muerte toda la fortuna de los cónyuges sería heredada por los hijos mexicanos del santo de Asís, del cual eran insobornablemente devotos. Pero también eran devotos del arcángel Miguel, a quien habían decidido erigir una capilla, para cuyo altar solicitaron un óleo de fray Varrumbroso, reputado sin lugar a dudas como el más inspirado pintor religioso. El abad aceptó gustoso el pedido y encareció al pintor el más dantesco de sus lienzos, pues aparte del supremo interés de complacer a los generosos benefactores sabía que a la bendición de la capilla de San Miguel Arcángel acudiría lo más granado de México, encabezado por el propio virrey.

Una sombría procesión de monjes encapuchados, armados de cirios y entonando el *miserere,* condujo al poseso hacia el interior del convento. Al pasar frente a su celda, fray Cristóbal detuvo el cortejo y solicitó abrir la puerta. Hisopo en mano,

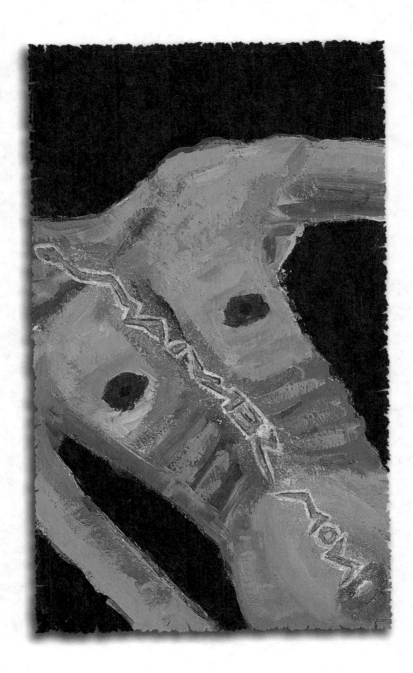

se disponía a regar con agua bendita lo que se había convertido en madriguera del averno. Y en efecto, al girar sobre sus bisagras la hoja de tabla sin cepillar que servía de puerta, una tufarada sofocante emergió del pequeño aposento. Algunos frailes retrocedieron espantados, pero el abad dio un paso al frente y alzó el aspersor. Un desorden de pinceles, colores, paletas, trapos embadurnados, trementinas y aceites, formando un lío indescriptible, se agolpaba alrededor de un caballete, del que pendía un lienzo igualmente emborronado y confuso. Al fondo, el bulto de una oscura masa membranosa pareció recogerse, pero fray Cristóbal no alcanzó a reparar en ella, porque una cara amistosa y sonriente, tiznada por la barba rala de unos días, y taladrada por dos profundas ojeras donde nadaban unos ojos afectuosos, se interpuso. Tardó unos segundos en reconocerla, y al descubrir de quién se trataba estuvo a punto de gritar nuevamente y echarse a correr. ¡Era Varrumbroso! Con ligereza de gato había escapado de las manos de quienes lo cargaban y había entrado a su celda.

—No, padre santo —imploró en tono de respeto y vehemencia—. No hace falta exorcizar este lienzo. Ya he podido empezar a pintarlo, sujetando *al de abajo*.

Se hizo a un lado e indicó a los monjes agolpados en la puerta un detalle de la enmarañada pintura. Efectivamente, sobre la masa informe de un demonio monstruoso, apenas pergeñado, sobresalía claramente un pie lleno de luz. El pie del arcángel Miguel que lo sujetaba.

—Tendrá que estarse quieto —agregó—. No se preocupen.

Y sin más ceremonia cerró la puerta y corrió el pasador.

A merced de semejantes acontecimientos, que cargaban con él como la corriente de un río impetuoso carga con un pobre leño, fray Cristóbal no tuvo más remedio que declarar la guerra contra Satán. La estrategia de esta contienda consistía en ayudar al padre Varrumbroso a concluir su obra, paralizando la ira del malvado emisario. El convento fue declarado en alarma espiritual, los himnos, los hosannas, los misereres, los Te Deum, las jaculatorias, las letanías y toda suerte de oraciones y rituales, que sólo durante las celebraciones de la semana mayor eran puestos en escena, fueron utilizados ahora como artillería pesada para inmovilizar al hijo de las tinieblas. Todo el claustro rezumaba el acre olor de la cera quemada, del incienso y del miedo. Pero aunque los frailes temían, un sentimiento de unidad y solidaridad les infundía valor. Todos habían hecho suya la causa del padre Varrumbroso. La mayor desazón provenía de la desgracia de no saber lo que estaba ocurriendo en su celda. Dos veces al día se le introducía un plato de comida por la rendija inferior, pero había sido terminantemente prohibido tocar o llamarlo, y nadie era tan osado para interrumpir por su cuenta la intimidad del pintor y su demonio.

En realidad, Varrumbroso se divertía de lo lindo. Durante tres días continuos coloreó en medio de una paz seráfica y sin ninguna interrupción el más abominable de los diablos que mente alguna pudiera imaginar. El propio Belcebú en persona le servía de modelo, pues tras haberse ideado el artificio de sujetarlo en el lienzo bajo el pie del arcángel, el maldito le estaba sujeto, y cada vez que lo necesitaba para perfeccionar alguno de los innumerables detalles de sus infinitas horruras le bastaba invocarlo. Echado en el fondo de la celda, posaba escatológico y humeante, bien que contra su voluntad. De cuando en cuando, verde de tanta humillación y vergüenza, estremecía con sus rugidos el convento. Entonces los himnos se helaban en la garganta de los monjes cantores, el coro enmudecía, las venas del cerebro se hinchaban, se encalabrinaban los sesos y sobrevenía una espantosa jaqueca. Muchas manzanas a la redonda los vecinos del convento tenían que taparse las orejas cada vez que oían aquellos alaridos, que achacaban al fastidioso retronar de las tormentas de polvo cebadas por el viento en el valle desértico. Pero, en su celda, fray Varrumbroso se hallaba tan inspirado y lejano que ninguna de estas molestias le causaba enojo ni le alteraba el pulso.

Tanta felicidad sólo duró escasos tres días, pues tan pronto su pincel comenzó a colorear la espada flamígera que en manos de San Miguel hendía los pechos abultados de la bestia, el engendro lanzó tal alarido que algunos de los vitrales de la capilla saltaron hechos añicos. La misma mano segura de fray Varrumbroso tembló. El vientre de Luzbel reventó, y de la masa informe de sus vísceras surgió uno de sus subalternos, un diablillo segundón apodado *El Lobo Maldito,* quien avanzó sobre el pintor caminando en un trío de pezuñas y le arrojó a los ojos un polvo corrosivo. Totalmente ciego, Varrumbroso abandonó la celda y ambuló por pasillos y escaleras, hasta tropezar con las puertas del refectorio, donde la frailería, con menguado apetito, cenaba. Todos se precipitaron hacia él, pero ni las rogativas elevadas a Santa Lucía, ni los colirios y emolientes con que le lavaron los ojos, le devolvieron la vista.

Comenzó así un nuevo y doloroso interregno para la comunidad, pues si bien los olores nauseabundos que atosigaban los claustros, los aullidos horrísonos y todas las demás manifestaciones que delataban la cercanía del infierno se atemperaron un poco, el tiempo para cumplir el encargo de la pintura tocaba a su fin. Con enorme congoja, luego de armarse de mucha entereza para empujar la puerta de la celda del pintor y atisbar el lienzo, fray Cristóbal confirmó que se trataba de la más impresionante y hermosa pintura que jamás se hubiera concebido. Era difícil creer que un simple talento humano tuviera el don de exponer la naturaleza de Luzbel en forma tan convincente. Un involuntario impulso de correr asaltaba al observador más resuelto. Sin embargo, la cara de San Miguel estaba aún sin colorear, en tanto que otros detalles evidentes, como los anillos que la cola del demonio formaba alrededor de sus propias caderas, seguían inconclusos. En semejante estado la pintura no podía ser entregada. Esto era la catástrofe, pues la inauguración de la capilla del arcángel se venía encima.

Mientras corrían las pesadas horas de aquel tiempo muerto, la comunidad se entregó entristecida a los rezos más melancólicos. La anterior combatividad con que la presencia de Luzbel había sido encarada fue sustituida por una apagada congoja. Fray Varrumbroso, apesadumbrado por la situación, buscó refugio en el oratorio. Allí descubrió, con apocada alegría, que le era posible leer su breviario y vislumbrar la dorada luz que coronaba el altar. En cualquier otro lugar del convento, no obstante, su vida era sólo tinieblas.

Unos días antes de cumplirse el plazo definitivo para la entrega del cuadro el padre abad mintió por primera vez en su vida. Los esposos Meléndez querían tener el privilegio de contemplar anticipadamente la obra y anunciaron una visita al convento. Fray Cristóbal se vio en la obligación de defraudarlos, respondiéndoles que no convendría distraer la concentración del pintor, aunque les garantizaba de antemano que aquel San Miguel superaría con creces toda piadosa expectativa. La carcoma que la mentirilla sembró en su alma le llevó a concebir la desesperada idea de encomendar a cualesquiera de sus subalternos la terminación del óleo, pero aunque algunos tenían rudimentos de dibujo, y se ofrecieron gustosos a concluir el rostro del arcángel, ninguno aceptó tocar ni siquiera con la punta de una cerda el rabo del Diablo.

En medio de tanta tensión, y cuando sólo faltaban tres días, el padre Varrumbroso despertó una mañana repentinamente vidente. El acontecimiento produjo una explosión de loca alegría en la comunidad, que lo acompañó hasta la puerta del cuarto y lo dejó otra vez encerrado allí. Al punto, también, la cercanía de las fuerzas infernales se hizo sentir. Las misteriosas nubes de polvo que habían opacado el sol volvieron a levantarse, el frío se apoderó del convento, los tremores, los olores nauseabundos, la descomposición anticipada de los alimentos y muchos otros indicios asomaron por doquier. Esta vez, sin embargo, fray Cristóbal y sus monjes estaban preparados y respondieron con salvas cerradas de rogativas, responsos y cantos litúrgicos. Y mientras más fuerte rugía Satanás, y mientras más violentos eran sus sacudimientos, más altas y agudas eran las notas que salían de las gargantas de los combatientes.

Toda aquella demencia alcanzó su punto máximo cuando Varrumbroso magnificó en grado nunca visto la gracia del arcángel, rodeándolo de una aureola luminosa que escapaba del lienzo y trascendía al ambiente, mientras abatía, humillaba y degeneraba hasta la locura a Satán, haciéndolo insoportablemente feo. Entonces el pobre vilipendiado, que no podía continuar soportando semejante ultraje, pero que no podía remediarlo por estar apisonado por el seráfico pie, desgarró en medio de insoportables aullidos de dolor y soberbia sus entrañas, y parió media docena de pequeñas *garritrancas*, demonios menores encargados de martirizar con pinzas al rojo a los desafortunados que caen en sus manos. Sulfurientas, arrancando chispas al caminar sobre las losas del piso, avanzaron hacia el pintor e hincaron las tenazas en sus carnes.

Más insufribles que los escalofriantes rugidos de Satán fueron para los frailes los lamentos de su compañero, que pese al tormento continuó esparciendo los óleos. En los siguientes dos días el cabello de varios de los miembros más jóvenes de la comunidad encaneció por completo. Hasta la panza más abultada aflojó y disminuyó de volumen. Y como la penitencia impuesta por el abad, sumada al encierro permanente en la helada capilla, no permitía a los monjes ocuparse del profano asunto de la alimentación, el hambre, mezclada con la angustia y el terror, devino en la locura irrefrenable de varios hermanos, a tiempo que otros comenzaron a presentar síntomas inequívocos de claustrofobia y neurosis. Fray Cristóbal comprendió que la resistencia de su comunidad se quebraba y resolvió cambiar la táctica, ordenando a sus hijos encaminarse en grupos cerrados hacia el refectorio.

Por el camino, el hermano cocinero se acercó para susurrarle al oído que no tenía ningún alimento preparado y que dudaba que alguno se conservara en buen estado. Pero el abad lo tranquilizó, haciéndole saber qué alimento no dañaba el Diablo. Después, cuando todos los monjes habían ocupado sus mesas, se volvió al padre Belarmino del Sudario de Cristo, con quien mantenía muy buenas migas en los últimos días, y le comentó divertido, al tiempo que se frotaba las manos:

—¡Qué frío, padre Belarmino! ¡El infierno es helado!

Y luego, con voz altiva y cantante:

—¡Cocinero: sirva una barrica de Priorato de Málaga!

Al abrigo del dulce zumo celestial, la comunidad batalló el último tramo de aquella difícil jornada. Los rezos, que habían comenzado a tornarse informes, fueron trocados por potentes y abaritonados cantos gregorianos, en cuyo cálido eco Varrumbroso encontró aliento para concluir y rubricar su obra, cuando ya las *garritrancas* le habían arrancado por completo el cuero cabelludo y comenzaban a hurgarle las fisuras del cráneo con espinas de nopal.

Su pertinacia las sacó definitivamente de quicio. Encolerizadas, le descargaron primero una serie de violentos tramacazos en la raíz de la nuca, y luego lo arrastraron celda afuera. En el pasillo lo estrellaron contra las columnas y los guardacantones, antes de comenzar a subir y bajar febrilmente las escaleras llevándolo a rastras, haciendo trompicar y rebotar su cabeza en el filo de los peldaños. Varrumbroso supo que iba a morir y sonrió. Su cuadro estaba terminado. El canto alegre y confiado de sus cofrades, que le llegaba desde alguna parte del convento, confirmaba su victoria.

Ninguno de los monjes se percató del final. Sus cantares, acrecentados por el generoso vigor de la vid fermentada, superaban cualquier ruido sobrenatural. Cuatro barricas de Priorato mantuvieron en alto el espíritu. Sólo al amanecer aflojaron, cuando una terrible jaqueca les hizo insoportables sus propias oraciones. Entonces se percataron de que reinaba un profundo silencio en el claustro. Se arrastraron y hallaron el cadáver del padre Varrumbroso en la puerta misma del refectorio, donde lo habían tirado sus verdugos. Fray Cristóbal y otros tantos valientes dirigieron las sandalias hacia la celda del infortunado y contemplaron boquiabiertos, a través de la puerta entreabierta, el más impresionante y perfecto lienzo que pintor humano alguno hubiera dibujado. En silencio se postraron y elevaron una inconexa y un tanto achispada oración, por la eterna gloria del autor. Después entraron al cuarto y se echaron al hombro el enorme bastidor, pues la hora de entregarlo en la capilla de su seráfico dueño estaba sonando.

La solemne bendición de la capilla de San Miguel Arcángel resultó una ceremonia grandiosa. Los esposos Meléndez, el virrey, el obispo, el cabildo eclesiástico, los miembros de la Audiencia, la curia, la soldadesca, la plebe, todo el mundo sin excepción, admiró sobrecogido la imagen del ángel victorioso y el Diablo derrotado que los franciscanos trajeron a cuestas. Hubo susto, hubo admiración, estupefacción y uno que otro patatús epiléptico. Hubo también derroche de pólvora, incienso, latín y oropel religioso. Pero en medio de todo el obispo Fonseca, que felicitó uno a uno a los miembros de la comunidad franciscana, tuvo nariz suficiente para percibir el tufo acentuado que los acompañaba. Su cara de vieja avinagrada estaba cada vez más severa. Todos aquellos malos frailes la habían pasado bebiendo, así lo indicaban sus ojos hinchados de venas y sus evidentes resacas. De modo que al regreso, en el interior de la carroza donde en compañía del virrey salió del lugar, comentó a éste con enfado:

—Muy bueno el cuadro, pero vamos a tener que sancionar a estos malditos franciscanos.

El virrey abrió la boca, asombrado.

—¿Sancionarlos, vuesa reverencia? ¿Y eso a causa de qué?

—A causa de que empinan demasiado el codo —dijo el jerarca.

Y remangó la nariz, todavía atosigado del tufo de Priorato.

Indulgencia
de la Caa Yarí

Vicente Cumplido, uruguayo abnegado y cabal, se casó con la Caa Yarí, madre y diosa del mate. Ella es una linda mujer que habita en los oscuros yerbales de las plantaciones, donde los cosecheros escuchan sus cantos risueños y advierten sus pasos ligeros al soplo del viento. A veces, cuando el sudor les inunda los ojos, perciben la fresca caricia de sus suaves manos en la frente. Ella es la única que puede librarlos de la adversidad del trabajo y hacerlos felices de la mejor manera posible, convirtiendo dos arrobas en doce, haciendo saltar la romana al momento del pesaje y acortando la jornada como si el día no fuera de horas sino de minutos. Una entrega diaria en la hacienda retribuye lo de toda una semana, pues la diosa simboliza y encarna la felicidad de la holganza. Sin embargo, para lograr su protección es imperioso casarse con ella, y una vez casado es imperioso serle fiel, porque se trata de una esposa extremadamente celosa. ¡Ay del infiel! Los yerbales están llenos de huesos de cosecheros que fueron sus consortes y se dejaron seducir por los ojos de otra mujer.

Vicente Cumplido, sin embargo, le dio el sí. Después de haber entregado al pesaje miles de arrobas de hoja, de arrastrar de hacienda en hacienda una penuria dolorosa en compañía de su mujer y siete pobres hijos, resolvió que lo único que le importaba en la vida era un poco de holgura, comprarse una buena camisa y beberse unas cañas. Cuando Marta se quedó en medio del último parto, y la viudez vino a sumarse a la lista de sus penas, se fue al monte y se rindió a los pies de la diosa. Los devaneos de un amor terreno ya no lo perturbaban: tenía cincuenta años cumplidos, era un hombre recio pero fatigado, ninguna mujer lo miraba con ojos salaces.

Los efectos de esta unión fueron visibles casi de inmediato. En lo sucesivo, cada que Vicente descargaba el rairo sobre la romana, los fuelles del aparato saltaban: la hoja venía tan prensada en el talego de cuero que al descargarla caía como plomo. Esto le representó tan buen número de billetes que sacó a sus hijos mayores del yerbal, donde iniciaban el mismo ciclo de ingrata labor, les compró ropa nueva y los obligó a ir a la escuela. Por su parte estrenó camisa y sombrero, se hizo restaurar los dientes delanteros y se mandó recetar unas gafas. En adelante, pudo reírse a sus anchas, bostezar de satisfacción y no de hambre, y pagar unas cañas de más a sus buenos amigos de siempre. Y aquí comenzó el drama.

La tabernera que atendía sus ratos de solaz era la mulata Ambrosia, mujer rumbosa, guapa y aún muy vital, que delante del mostrador calmaba la sed de los parroquianos y en la trastienda sus afanes. Para evitar cualquier clase de complicaciones, Vicente ni siquiera alzaba los ojos mientras bebía sus tragos. Se limitaba a charlar, consumir y reír, y a la hora de pagar dejaba unas monedas de más. Ambrosia pugnaba por retenerle la mano, insinuando de mil maneras que el servicio podía prolongarse por toda la noche, pero él no se daba por aludido. Sus compañeros creían que tanta indiferencia era culpa del recuerdo de Marta, pues el viudo hablaba mucho de ella, de modo que se pusieron de acuerdo para procurarle la cura. Un sábado por la noche, apurando ya los últimos tragos, echaron en su bebida un somnífero y lo abandonaron dormido a los cuidados de la dueña. Cuando Vicente despertó a la mañana siguiente se hallaba en la cama con la mulata Ambrosia, ambos como Dios los había echado al mundo. Ella lo vio abrir

los ojos y se le abalanzó como la quilla de un buque, amenazando partirlo por el medio. El pobre no tuvo más remedio que dejarse caer de la cama, arrastrar en la caída las sábanas y envolverse en ellas mientras rodaba por el piso, levantarse dando brincos de sapo y huir acobardado calle abajo por entre los feligreses que acudían a misa, sin acordarse de sus ropas, ni de su hombría, ni de nada.

La fuga lo menguó un poco, porque jamás había huido así de una mujer, y porque además la mulata se le metió en la cabeza. Muchas veces estuvo a punto de soltar la labor para ir a buscarla, pero el recuerdo de su compromiso con la Caa Yarí lo detuvo. Un día se sintió tan cerca ya del abismo que optó por partir en busca de otros rumbos, pensando que lejos de Ambrosia no correría peligro, pero a mundo abierto las cosas le resultaron peor. Sin poder explicarlo, se había convertido en el caramelo de las mozas del camino, que no cesaban de sonreírle y observarlo con ojos golosos. En cualquier albergue las posaderas, las criadas y las inquilinas se morían por él. Tal vez las canas que no cubría su sombrero, las gafas o su aspecto de viudo desahogado, su nueva dentadura, su humor, su aliento o su voz, lo tenían hecho un porfirio. Una recién casada abandonó a su marido por seguirlo, una monja escapó del convento al verlo pasar. Vicente las evadía haciéndose el loco, pero un domingo, al aproximarse al toldo de una venta para preguntar por el precio de un cachivache, la ventera que atendía se agachó y le echó a la cara el aroma de un seno perfumado en flores de camalote. Era un seno redondo, sonrosado, vibrante; el cosechero sintió cosquillas en los dientes del deseo de morderlo. Por primera vez, esa mañana, por primera y única vez, resolvió que volver a mirar no constituía pecado contra la Caa Yarí, y pidió el precio de los cachivaches uno por uno. La moza le vendió media tienda, y al domingo siguiente otra media, y así domingo tras domingo. Cada que lo atendía lo llamaba *viejo*, con la misma dulzura con que lo hacía Marta en sus tiempos de novios. Un día le retuvo la mano y le dijo: «Ya es hora de conseguir alguien que lo cuide y lo mime, viejito», y lo dejó añorando con tanta intensidad un hogar y un lecho caliente que se enfermó de nostalgia y perdió la apetencia por la vida cómoda y fácil que le había brindado la diosa del mate. Y a partir de entonces se sintió un miserable, y lamentó en silencio el vínculo indisoluble que había contraído.

Aquel era el punto donde los amantes de la diosa flaqueaban y le volvían la espalda, pero Vicente Cumplido se negó a proceder así y prefirió encarar las cosas de frente. Una mañana se internó en el yerbal, escogió el mate más frondoso y dejó a su pie una notica de papel, pidiendo una cita. Llegada la noche, un poco antes de la hora anotada, volvió a ponerse en camino. A los primeros pasos un búho aleteó con fuerza en su cara y le echó abajo el sombrero. Era la señal de que la diosa aceptaba el encuentro.

Los sobresaltos de este último peregrinaje lo fueron despojando poco a poco de la lozanía que le había otorgado la tranquilidad del dinero. En determinado punto le rugió un tigre: Vicente sabía que era el anuncio del hambre. Más adelante una serpiente enroscada le cayó sobre el pecho. Mientras le sujetaba la cabeza, el ofidio logró rozarlo con su lengua nerviosa y pajiza. Vicente comprendió que aquel era el asedio de las deudas que volvían a sitiarlo. El sendero hacia el mate florecido se tornó una ascensión dolorosa: Vicente Cumplido recordó las interminables jornadas con el rairo a la espalda y supo que esos tiempos estaban por volver. Aun así, prosiguió. Cuando se detuvo ante el espeso arbusto escogido para la cita era otra vez un hombre pobre. Sacó fuerza de la debilidad y preguntó con voz firme:

—Sabes a qué he venido, ¿verdad?

Imaginaba que la diosa estaría furiosa y ni siquiera se prestaría a discutir, pero la voz que le llegó del otro lado del follaje tenía la cadencia de

un arroyo cristalino. Nunca pensó que se dejaría ver, porque no lo hizo cuando suscribieron el pacto, pero estaba allí, risueña y radiante, transparentada contra un manto de estrellas. Antes de responder le hizo un guiño.

—Anda —dijo—, eres libre. El amor triunfa sobre todas las cosas y es el único capaz de anular nuestro compromiso.

Cuando intentó explicarle sus razones ella se desvaneció. Quería agradecerle la ventura de todo aquel tiempo y la forma fácil como lo liberaba, pero sólo le llegó la suave brisa de algo que se iba.

—¡Gracias, Caa Yarí! —gritó con todas sus fuerzas, para no quedar como ingrato.

El domingo siguiente acudió al toldo de la ventera y la pidió en matrimonio. Cosechando y cargando mate a las espaldas trajo con ella otros siete hijos al mundo.